상위 1%로 가는
일곱 계단

상위 1%로가는 일곱 계단

초판 인쇄   2020년 7월 10일
초판 발행   2020년 7월 15일

지은이   가게야마 요시키
옮긴이   정현옥
펴낸곳   다른상상
등록번호   제399-2018-000014호
전화   031)840-5964
팩스   031)842-5964
E-mail   darunsangsang@naver.com

ISBN 979-11-90312-16-5 03320

잘못된 책은 바꿔 드립니다.
책값은 뒤표지에 있습니다.

이 도서의 국립중앙도서관 출판예정도서목록(CIP)은 서지정보유통지원시스템 홈페이지
(http://seoji.nl.go.kr)와 국가자료종합목록 구축시스템(http://kolis-net.nl.go.kr)에서 이용
하실 수 있습니다. (CIP제어번호 : CIP2020021784)

독자 여러분의 책에 관한 아이디어나 원고 투고를 설레는 마음으로 기다리고 있습니다.
이메일로 간단한 개요와 취지, 연락처를 보내주세요. 독자님과 함께 하겠습니다.

상위
1%로
가는
일곱
계단

가게야마 요시키 지음
정현옥 옮김

The 7 habits
of the top

다른
상상

프롤로그

자기 힘으로 상위 1%가 된 사람들이
오른 일곱 계단

'자기 힘으로 성공한 사람' 하면 여러분은 누가 떠오르나요? 직장 동료나 상사 혹은 동종업계의 유명인사…. 다양한 인물상이 있겠지요.

이들의 특징을 떠올려보면 긍정적 마인드, 끝까지 일을 추진하는 강한 의지, 천재적 감각, 겸손, 성실, 높은 수준의 소통 능력, 행동력과 같은 '아, 정말 성공한 사람답구나' 하고 감탄할 만한 요소가 보입니다.

정말 궁금했습니다. 도대체 그들은 어떤 이유로 성공한 것일까? 자라온 환경 혹은 타고난 성격 덕분일까? 누구나 노력하면 그들처럼 성공할 수 있을까? 그 비밀을 파헤쳐보기로 했습니다.

그 결과물이 바로 이 책입니다.

저는 제조 회사를 다니다 30대에 학자의 길로 전향했습니다. 지금은 사립 대학교에서 경영학을 가르칩니다. 경영학이 기업이나 직장인을 대상으로 하기에 운 좋게도 여러 기업인을 만날 수 있었습니다.

그러던 중 한 가지 사실을 깨달았습니다. 기업이나 업계에서 소위 잘나가는 사람들이 마치 약속이라도 한 듯 말과 행동에 공통점이 있었습니다. '이 사람, 얼마 전 그 사람하고 녹음기를 틀어놓은 듯 똑같은 말을 하네?', '이 모습은 전에도 본 적이 있는데…'

말과 행동이 어찌 이리 비슷할까? 이들은 지금까지 어떤 경험을 했고, 무엇을 느꼈을까? 몹시 궁금했던 저는 인터뷰 형식을 빌려 각계에서 성공한 사람들에게 자세하게 이야기를 들어보기로 했습니다. 기업인이나 직장인, 의사, 변호사, 운동선수, 예술가, 디자이너, 만화가, 요리사, 연구원 등 300명에 달하는 자기 분야에서 인정받는 사람들을 여러 해에 걸쳐 취재했습니다. 취재 횟수가 늘어날수록 '그렇구나, 성공한 사람들은 이런 과정을 공통적으로 겪으니 서로 닮아 있구나!' 하는 사실이 눈에 보이기 시작했습니다. 그 과정은 다음과 같습니다. 저는 이를 '일곱 계단'으로 표현하겠습니다.

첫 번째 계단 : 배움

- 언제든, 누구에게든 배운다.

두 번째 계단 : 경험

- 살면서 겪는 모든 경험에서 의미를 찾아낸다.

세 번째 계단 : 습관

- 자기만의 규칙을 정하고 습관화한다.

네 번째 계단 : 운

- 운을 중요하게 여긴다.

다섯 번째 계단 : 끈기

- 시행착오 속에서 새로운 가치를 발견한다.

여섯 번째 계단 : 목적의식

- 불필요한 일은 하지 않는다.

일곱 번째 계단 : 직감

- 논리보다 직감으로 판단한다.

성공한 사람에게는 이 일곱 계단이 모든 일의 토대를 이루고 있었습니다.

이 공통점은 컴퓨터나 스마트폰에 비유하면 'OS(operating system, 운영체제)'와 같습니다. 일의 내용은 완전히 다르지만, 사람들을 움직이는 시스템(행동 원리)은 같지요. 그렇기에 성공한 사람들은 이 공통점을 이용해 일에서 성과를 올리고, 일 잘하는 사람으로 인정받습니다.

인터뷰를 이어가면서 나는 이들이 위와 같은 과정을 후천적으로 체득한 것임을 확실히 알았습니다. 도입부에 언급한 긍정적 마인드, 강한 의지, 천재적 감각, 높은 사회성 등 얼핏 타고난 듯 보이는 재능이 실은 이 7가지 계단을 거치며 획득되었으며, 후천적 노력으로 길러진 것이었습니다.

그렇다면, 자라온 환경도 다르고 연령대도 다르며 직업이나 전문 분야도 다른 사람들이 어떻게 이런 공통점을 갖게 되었을까, 책을 통해 그 이유와 습득 방법을 고찰하고 해설하고자 합니다.

중심 골격을 이루는 1~7장에서는 각각의 공통점과 관련된 인터뷰를 통해, 그들의 경지에 이르기 위한 구체적 방안을 에피소드와 함께 설명합니다. 마지막 장 에피소드에서는 빛의 속도로 변화하는 세상에서 성공하려면 어떤 자질이 필요한지 살펴봅니다.

학문에 매진해야 할 학자로서 이런 책을 쓴 이유는 내가 지금까지 줄곧 고민해온 주제이기 때문입니다. 직장 생활을 하던 시절이건 경영학자로 학문에 힘쓰는 지금이건 '나는 지금 옳은 길로 나아가고 있는가?', '어떻게 하면 더 인정받을 수 있을까?' 같은 의문이 끈질기게 따라다닙니다. 대학교에서 내 강의를 듣는 제자들 또한 앞으로 나아갈 길에 대해 큰 걱정을 안고 있습니다. 어디에서 일할지, 어떤 자세로 일해야 하는지, 고민하는 제자들에게 삶의 길잡이가 되어주어야겠다는 의지도 동기부여가 되었습니다. 그래서 시작한 취재입니다.

각계각층에서 성공한 사람들과 얼굴을 맞대고 살아온 이야기를 듣다 보니 잘나가는 사람이 가진 비밀이란 것은 어떤 분야에 종사하건 누구나 획득할 수 있으며, 다만 대다수 사람들은 그 계기를 포착하지 못했을 뿐이라는 희망을 품게 되었습니다.

이 책은 여러분이 쌓아온 경력을 돌아보거나 예습할 수 있게, 그리고 이제 사회에 첫발을 내딛으려는 사람에게 '이런 마음가짐과 태도로 살아간다면 멋지겠지요?'라고 손을 내미는 일종의 제안입니다. 여러분이 한 발 한 발 나아가는 미래에 등불이 될 수 있다면 더할 나위 없겠습니다. 부디, 마지막 장까지 즐겁게 읽어주시기를.

• 이 책을 쓰기 위해 취재한 인물 중에는 대중에게 잘 알려진 유명인사도 다수 포함되었으나, 본인의 의사를 존중하고 관계 기관을 배려하기 위해, 혹은 편견 없이 읽어주시기를 바라는 마음으로 모든 인터뷰이의 실명을 사용하지 않았습니다. 이 점 양해해주시기 바랍니다.

차례

세 번째 계단 : 습관

– 자기만의 규칙을 정하고 습관화한다

네 번째 계단 : 운

– 운을 중요하게 여긴다

일곱 계단의 비밀

1. 배움 : 언제든, 누구에게든 배운다.
→ 필연적으로 긍정적 마인드를 갖게 된다.

2. 경험 : 살면서 겪는 모든 경험에서 의미를 찾아낸다.
→ 좌절이라는 개념이 없다.

3. 습관 : 자기만의 규칙을 정하고 습관화한다.
→ 의지가 강해진다.

4. 운 : 운을 중요하게 여긴다.
→ 겸허해질 수 있다.

5. 끈기 : 시행착오 속에서 새로운 가치를 발견한다.
→ 인내력도 회복탄력성도 늘어간다.

6. 목적의식 : 불필요한 일은 하지 않는다.
→ 방황하지 않는다.

7. 직감 : 논리보다 직감으로 판단한다.
→ 직감으로 판단하고 논리로 뒷받침한다.

첫 번째
계단

배움

언제든, 누구에게든 배운다

스스로 성공한 사람들이 오르는 첫 번째 계단은 배움, 배움을 향한 뜨거운 열정입니다. 이들은 매사에 적극적이어서 인간관계나 새로운 지식 혹은 트렌드에 민감하고 도전을 두려워하지 않습니다. 아무리 나이를 먹어도 배우려는 자세를 잃지 않습니다. 배움 앞에서 겸허합니다. 여기서 말하는 배움은 일반적인 학습과는 조금 다릅니다. 자신의 전문 분야나 흥미로운 부분은 물론 일상에서 일어나는 모든 일을 배움의 대상으로 봅니다. 정보뿐 아니라 사람에게서, 때로는 체험을 통해 배우는 것을 소중하게 여깁니다. 배우고 싶은 게 있다면 본인보다 나이가 어린 사람과도 적극적으로 소통하면서 새로운 지식이나 기술, 가치관 등을 새로 고칩니다.

어느 모델은 "며칠 동안 고되게 촬영하고 나면 텅 빈 껍데기가 된 것 같아 의식적으로 여행을 가거나 영화도 보고 독서도 하면서 내면을 채웁니다"라고 말합니다.

성공한 사람들을 보면 의외의 취미를 가진 사람이 많습니다. 가라테를 배우는 대학교수, 다도를 익히는 IT기업 간부처럼 운동, 노래, 춤 등을 배웁니다. 무엇을 배우는가만이 아니라 가르치는 스승을 중요하게 생각하는 사람도 있습니다. 다도를 배우는 경우에는 그저 차를 공부하겠다는 마음가짐이 아니라, '그 선생님이니까 배운다'라고 대답하는 이가 많았습니다.

회사를 경영하는 어느 사장은 이렇게 말합니다.

"단순 지식은 배우겠다는 마음만 있으면 언제든 배울 수 있을지 모릅니다. 그런데 누구에게 배우는가 하는 점도 중요하거든요. 우리 선생님은 나보다 연배가 훨씬 많은데도 감성이 젊고 말에는 진중함이 있어요. 같은 공간에 있는 것만으로도 무언가 배우는 느낌이 들어요. 그런 분을 만나기는 하늘의 별 따기지요."

말 그대로 기술이나 지식보다는 '스승이 살아가는 방식에서 풍기는 기운이나 분위기'를 배운다고 합니다. 이 사람이다, 라는 확신이 들면 적극적으로 뛰어드는 것입니다.

이렇듯 성공한 사람들은 배움을 향한 욕망이 한없이 높지만, 그곳에 다다르기 위해 필사적으로 노력한다기보다 흐르는 물처럼 자연스럽게 터득하며 이런 배움을 당연한 삶의 과정이라 생각합니다. 그저 '하고 싶으니까 할 뿐이다'라는 자세로 임합니다.

배움을 소중히 여기는 사람은 '일은 일이고, 나는 나'라고 분명하게 선을 긋기보다는 필요한 정보나 일이 있으면 무엇이든 흡수하겠다는 능동적인 생각을 공통적으로 드러냅니다.

동시에 무언가를 버려야 할 때도 미련 없이 깔끔하며, 일에서도 같은 방식으로 하기보다 늘 다른 것, 새로운 방식을 찾아내는 게 특징입니다. 주저 없이 스크랩&빌드(Scrap&build, 입지나 실적 등 효율을 기대하기 어려운 점포는 폐쇄하고 능률적인 점포를 개설해 경영 효과를 기대하는 전략-옮긴이)를 단행하며 '이 방법을 버리면 훨씬 나은 결과물을 얻을 수 있다'는 긍정적인 자세를 지닙니다. 어떤 경영자는 자신이 일으킨 기업체에서 손을 뗀 후 "남은 일은 뒤따르는 젊은이가 하면 된다"며 60대 후반에 완전히 다른 일을 시작했습니다. 그렇게 결정할 수 있다니 무척 인상적이었습니다.

한정된 시간 안에서 겸허하게 그리고 담대하게.

배움에 열정적인 이유

성공한 사람은 배움을 당연하게 여기고 기본적으로 갖추어야 할 자세라고 인식합니다. 도대체 어떻게 끊임없이 연구하고 학습할 수 있을까요?

성공한 사람들은 갑자기 인터뷰를 신청해도 가볍게 받아줍니다. 아무리 좋은 성과를 내는 사람이거나 각종 매체를 쥐고 흔드는 유명인사라도 속 시원히 승낙해주고, 이야기가 시작되면 "제가 해도 괜찮습니까?", "특별한 얘기는 없을 거예요" 하고 실로 저자세를 취하는 사람이 많다는 점이 인상적이었습니다. 겉치레로 하는 말이 아니라 말과 행동을 보면 '이 사람은 진심으로 현재에 안

주하길 바라지 않는구나' 하는 느낌이 고스란히 전해집니다.

업계에서 최고 주가를 달리는 한 영업맨은, "결과가 좋게 나와 감사하죠. 그래도 더욱 성과를 올리려면 이제부터 분발해야 합니다"라고 말합니다.

8천 명의 종업원을 거느린 어떤 경영주는 "나는 주인공이 아니어도 좋고 오히려 무대 뒤에서 응원하는 위치에 있고 싶습니다. 주인공은 땀 흘려 일하는 직원들이지요. 그래서 나는 미디어에도 얼굴을 내밀지 않고 인터넷에도 가급적 정보를 노출하지 않으려고 합니다. 나보다는, 직원들이 나서주면 됩니다" 하고 말합니다. 이들은 회사나 동종업계에서 아무리 실적을 올린다고 해도 거드름을 피우지 않습니다. 과거의 기록이나 실적을 자랑삼아 이야기하는 사람도 없습니다.

왜일까요?

인생의 참 의미를 과거가 아니라 미래에 두기 때문입니다. 이들은 아직 보이지 않는 산 정상을 늘 목표로 하는 등산가와 같습니다. 아무도 걸어보지 못한 길을 발견하고 기록하려 하지요. 정상만 보고 오르기에 모든 길을 지나는 여정이라 생각하면 늘 투지가 불타오릅니다. 항상 배우고자 하는 마음이 바로 이런 사고에서 비롯된 건 아닐까요? 목표를 항상 높은 곳에 두기 때문에 그곳에 오르기 위해 끊임없이 배워야 하며, 자연스레 배우는 환경이

조성되는 것입니다. 배움을 대하는 자세에서도 '나는 이렇게 열심히 노력한다' 하는 비장함은 보이지 않습니다. "그야 배우지 않으면 시대에 뒤떨어지고 마니까요"라며, 어깨에 힘을 뺀 채 아주 당연한 과정으로 받아들이는 사람이 대부분입니다.

이런 사고는 기본적으로 타인을 비교 대상으로 삼지 않기에 가능합니다. 자기만의 기준에 맞춰 하루하루 충실하게 보내기 때문입니다. 경쟁 상대는 주위 사람들이 아니라 자기 자신입니다. 누가 뭐라 하건 계속해서 배울 수 있는 원동력이며 그래서 배움이 고통스럽지 않습니다.

이 배움을 일상에서 실천하며 성공한 사람들은 신기하게도 젊은 감성으로 넘쳐납니다.

지금까지 수많은 유명작품 캐릭터를 디자인해온 한 애니메이터는 70세를 넘겼음에도 늘 나이보다 젊어 보입니다. 부탁을 받으면 다양한 이벤트에도 얼굴을 내밀면서 누구와도 거리낌 없이 대화를 나눕니다. 그 털털함은 만나는 사람마다 매료시킵니다. 본인도 젊은 사람들에게 감성을 흡수해 초등학생 대상의 작품이나 상품 디자인에도 아직 현역으로 참여합니다.

아무리 나이를 먹어도, 어떤 무대 위에 선다 해도 배움에는 한계가 없습니다.

배움에 거리낌이 없고, 겸손하다.
그 까닭은 타인과 경쟁하지 않고 자기 기준으로
일하기 때문이다.

타고난 능력보다 중요한 것

성공한 사람에게는 다른 사람에게서 보기 드문 재능이 있고, 당연히 타고났을 거라는 인식이 많습니다. 저조차도 그렇게 생각해왔습니다.

그러나 성공한 사람들의 살아온 과정을 들어보니 꼭 그렇지는 않았습니다. 오히려 후천적으로 습득한 능력으로 활약하는 사람들이 더 많았습니다.

운동을 잘하려면 타고난 체력이나 운동신경, 환경도 중요합니다. 하지만 우리가 하는 일 대부분은 선천적 재능이 필수요건은 아닙니다. 성공한 사람들 대부분은 갈고닦은 능력으로 최고봉에

—

인생은 겸손에 대한 오랜 수업이다.

—

제임스 배리

우뚝 섰습니다.

후천적으로 얻어낸 능력은 무엇일까요?

- 일에 필요한 전문 지식이나 기술.
- 시행착오를 반복하는 끈기.
- 경험을 자신감이나 미래로 연결하는 긍정적 자세.
- 다른 사람과 협력하기 위한 소통 능력이나 역할 의식.
- 일을 원활하게 풀어가는 관리 능력.
- 감정을 조절하는 노하우나 스트레스 대처법.

위에 제시한 예들은 천재여야만 익힐 수 있는 습관이 아닙니다. 어느 정도 개인차는 있겠지만, 누구나 익힐 수 있는 요소입니다.

실제로 성공한 사람은 성장 과정이 각기 다르며 가정환경이나 교육 내용 또한 천차만별입니다. 경력만 놓고 본다면 순조롭기 그지없다 해도, 어떤 이유로 현재 직업을 선택했는지, 사회에 나오기 전에는 어떤 사람이었는지, 생각지도 못한 뜻밖의 내용을 듣습니다.

"그 회사는요, 이런 말 하면 안 되지만, 사실은 도망치고 싶어서 그만두었어요 (웃음)."

"부모님께 반항심이 커서 줄곧 반발하면서 살아왔지요."

"제1지망 학교에 떨어져서 아직도 학력 콤플렉스에서 헤어 나오지 못하고 있습니다, 허허."

"취직에 실패해서 한때는 눈에 살기가 가득했어요. 의욕도 없어서 한동안 집 안에만 틀어박혀 지냈지요."

"나만 좋으면 그만이라는 생각으로 남한테 고마움을 표현한 경험이 없었는데, 파산해서 모든 것을 잃고 난 후에야 스위치가 딸깍 켜진 느낌입니다."

이렇듯 심리적으로 커다란 갈등이 있었던 사람도 많아서 긍정적으로 인생을 선택해온 것만은 아닙니다.

수많은 경력을 쌓은 후에도 어려움을 겪는 경우가 많은데, 어느 베테랑 경영자는 "내가 사람 보는 눈이 나빠서였겠지만, 믿었던 부하가 돈을 들고 튀어버렸을 때 무엇을 위해 죽기 살기로 일했는지 모르겠더군요. 아무런 의지도 생기지 않아서 도쿄를 떠나 호숫가에서 1년 정도 생각 없이 지낸 적이 있습니다"라고 합니다.

그런 충격적인 일을 견뎌낸 후 성공한 사람들은 위와 같은 생각이나 습관을 갖게 되었고 일에 필요한 능력을 갖추어왔습니다. 잘나가는 사람은 태어나면서 줄곧 잘나가는 사람이었던 것은 아니라는 말입니다. 젊은 혈기에 자기중심적일 때도 있었고 경험 부족으로 실패도 했으며, 그로 인해 꽉 막힌 가치관으로 공격적이기도 했으나, 여러 사건·사고를 거치면서 점점 능력이나 인간성을 성장시켜온 것입니다.

요컨대 성공한 사람은 사회가 늘 유기체처럼 변화하고 움직인다는 것을 잘 알기에 새로운 문물을 열정적으로 배우면서 시대에 적응해갑니다.

이제 됐어, 하는 생각은 절대 하지 않으며 다음에는 '이런 지식을 얻고 싶다', '젊은 사람의 감성을 알고 싶다', '새로운 기술을 시도하고 싶다' 같은 생각을 끊임없이 하며 미지의 영역으로 기꺼이 뛰어듭니다.

👑
자기 힘으로 상위 1%가 되는 비결

스스로 성공한 사람은 자신의 능력을
키우는 일에 집중한다.
타고난 재능도 키우지 않으면
쓸모없어진다는 사실을 잘 알기 때문이다.

——— ★ ———

누구나 강점과 약점이 있다

배움에 소홀하지 않고 끊임없이 갈고닦아 잘나가게 되었지만 그들은 대체로 '내게 특별한 재능은 없다', '나는 이것(잘하는 분야) 외에는 아무것도 모른다'라고 말합니다. 영업력은 있으나 번뜩이는 비즈니스 플랜을 짜지 못한다거나 전문적인 기술은 있으나 경영 감각은 없다는 식입니다. 자신을 비하하거나 잘하는 분야 외에는 무능해도 용서된다는 뻔뻔함도 아닙니다.

특별한 재능이 없다고 느꼈기 때문에 더욱 적극적으로 능력을 개발하려 갈고닦았다는 확고한 자부심이며 동시에 못난 부분도 자각하고 있다는 표현입니다. 잘나건 못나건 모두 자신의 일부임을 긍정적으로 받아들이는 것입니다. 그렇게 자기 강점과 약점을 파악하기 때문에 주변에 흔들리지 않고 현재 위치를 지킬 수 있습니다.

병원을 운영하는 경영자이자 철저한 현장주의자인 의사가 있습니다. 60대임에도 수술을 삶에서 최대 보람으로 여기고 치료를 위해 새로운 의료기술을 국제학회에서 발표하는 등 세계적으로 높이 평가받고 있습니다. 이 의사가 운영하는 병원에는 여타 병원보다 직원이 많으며 이들이 주축이 되어 환자와 긴밀하게 소통합니다. 직원들이 의사와 환자를 이어주는 다리 역할을 충실히 하는 것이지요. 그 덕분에 그는 최고 장기인 수술에 집중할 수 있습니다.

모 만화가는 대학교를 중퇴한 후 20대 중반부터 갑자기 만화가가 되겠다고 결심한 이색 경력의 소유자입니다. 개연성이 하나도 없었음에도 불구하고 수년 후에는 주요 소년지에 연재까지 하게 되었습니다.

"그림은 1만 페이지 그리면 누구라도 잘 그릴 수 있습니다. 문제는 내용이지요. 저는 학창시절에 놀기만 해서 졸업을 못 했지만 (웃음), 그 누구보다 잘 놀았다고 자부합니다. 다른 만화가 지망생을 볼 때마다, 나는 만화에 대한 지식은 얕지만 다른 경험을 하며 인생을 보내왔고 이것이 강점이 될지도 모른다는 생각으로 일했다고 말합니다."

실제로 이 만화가는 정교한 인물 묘사로 대표작을 탄생시켰고, 만화가 중에서도 독특한 개성을 풍깁니다.

이처럼 현재 몸담은 업계 · 조직에서 통하지 않아도 필드를 바꿈으로써 기량을 발휘할 수 있거나 약점이 강점이 되기도 합니다. 스스로 성공한 사람들은 강점을 최대한 끌어내기 위해서 어떤 노력이 필요한지를 파악하고 항상 배움을 통해 일하는 방식을 바꾸어갑니다.

♔
자기 힘으로 상위 1%가 되는 비결

자신의 강점과 약점을 파악하면
강점을 발휘할 수 있는 경쟁력이나 공간을
스스로 선택할 수 있다.

사람에게 배우는 것이 제일이다

경영 이념 중에 '미션'이 있습니다. 조직이 무엇을 위해 존재하는지 구성원 모두가 상기하기 위한 것입니다. 누구를 위해, 무엇을 해결하기 위해 경영 활동을 하는지 고민하고, 사업ㆍ회사의 이념을 소중히 여기자는 경영 철학을 말합니다.

자기 힘으로 성공한 사람 대부분은 '왜 일하는가'라는 물음에 '세상의 ○○를 바꾸기 위해', '□□ 사람을 구하기 위해' 같은 취지의 답을 내놓습니다.

성공한 사람들은 원래 사회를 바꾸고 싶은 욕구가 강했을 것 같지만, 그들의 이야기를 주의 깊게 들어보면 그들이 처음부터 사

—

지혜는 학교에서 배우는 것이 아니라
평생 노력해 얻는 것이다.

—

알버트 아인슈타인

회를 위해, 남을 위해 일한 것은 아니었습니다.

오히려 "지금까지 세상을 위하고 남을 위한다는 생각을 해본 적도 없습니다. 코앞에 닥친 일에 치여 고군분투하다 보니 최근에야 내가 하고 싶은 일을 할 수 있게 됐지요" 하고 많은 경험을 거친 인생 선배조차 그렇게 말합니다.

"애초에 자기 자신도 이해하지 못하는 사람이 정말 세상을 위해 일할 수 있을까요? 진심으로 세상을 움직이려면 영향력이 필요합니다. 거대한 자금도 필요하고요. 이타심도 훌륭하지만 우선 내가 어떤 인간인지 파악하지 못한다면 결국 아무런 인간성도 갖추지 못하는 게 아닐까요" 하고 냉철한 의견도 주었습니다.

미국의 유명한 심리학자 에이브러햄 매슬로가 주장하는 '인간 욕구 5단계 이론'에서 인간은 한 단계씩 밟으며 생리적 욕구, 안전 욕구, 애정 욕구, 존엄 욕구, 자기실현 욕구로 상승한다고 말합니다. 먹거나 자고 싶은 욕구에서 안전하게 살고 싶은 욕구, 애정을 원하는 욕구(누군가에게 인정받고 싶은 욕구), 존경받고 싶은 욕구로 바뀌어가다가 마지막에는 혼신을 다해 하고 싶은 일을 찾아낸다는 논리입니다.

내가 존경하는 경영자 중 한 명으로 성인군자 같은 사람이 있습니다. 그 사람도 자기실현이 어렵던 시기에는 짜증만 나고 공격적인 태도 때문에 사람들을 적으로 돌려버린 일도 있었다고 합니다.

지금은 부처님 같은 사람이라도 과거에는 정신적으로 미숙하고 불안정한 시기가 있게 마련입니다.

성공한 사람 중에는 이 같은 경험을 한 사람이 많았습니다. 여러 경험을 통해 더욱 냉철한 견해를 갖게 된 것입니다.

인터뷰 내용 중에는 '하고 싶은 일이 없으면 억지로 찾으려 할 필요 없다', '일을 많이 하고 여러 경험을 통해 비로소 자기가 바라던 일을 알게 되기도 한다'와 같은 의견도 나왔습니다.
또 "세상을 바꾸어보겠다는 거창한 꿈은 없고 가족이나 주변 인물을 행복하게 해주고 싶다는 희망, 딱 그만큼의 생각으로 일하고 있습니다"라는 사람도 있었습니다.

일하는 목적이 반드시 거창하지는 않으며, 결국은 어디로 향하든 자신에게 자연스럽고 무리할 필요 없는 일, 만족할 수 있는 일을 하는 것이 중요합니다. 삶의 무대가 어디냐에 따라 실현하고 싶은 일은 바뀌겠지요.

원래 금융기관에서 일했으나, 자녀가 생겨 교육업계로 전직해 미국과 중국에서 학교를 운영하는 사람이 있습니다. 아이들에게 선택권을 많이 주고자 미국으로 이주했고 또 아이들을 위해 학교 사업을 시작했다고 합니다. 이 학교는 지금 전 세계 유명인들이 모이는 인기 학교가 되었습니다.

이처럼 눈앞에 보이는 과제를 해결하려고 시작한 일이 결과적으로 세상에 커다란 영향력을 행사하게 된 경우는 얼마든지 있습니다. 하지만 지금은 정보 과잉으로 이렇게 해야 한다, 그건 안 된다는 의견이나 지표가 지나치게 많은 시대입니다. 저 또한 대학교 제자들과 이야기하다 보면 학생들이 자기 의사로 무언가를 선택하는 것을 굉장히 어려워하고, '하고 싶은 일을 찾지 못해' 괴로워하는 경우를 많이 봅니다.

모 의류업계 경영자의 말을 빌리자면, 정말 하고 싶은 일을 하려면 자기보다 앞서 걸어간 선배, 그 일에 대해 자세히 아는 사람에게 적극적으로 달려들어 가르침을 받아야 합니다. 혼자 생각해서 모르는 것은 사람에게 배우는 것이 제일입니다.

고민이 있다면 자기보다 수준 높은 사람에게 물어보는 것이 좋습니다. 세상 물정을 몰라서라고 무시당할 수도 있고, 그런 일로 고민하느냐고 비웃음을 살 수도 있습니다. 그러나 배움 하나하나가 모이면 반드시 태산이 되어 역경을 이겨낼 힌트를 줍니다.

배움이란 평생 이어가는 것이며 살면서 생기는 사건·사고 모든 것이 배움의 대상입니다. 스스로 성공한 사람은 모두 그렇게 생각합니다.

정말 하고 싶은 일을 찾는다면
일단 그 분야에 종사하는 선배나
잘 아는 사람을 찾아가 배운다.
혼자 고민하는 것보다는
사람에게 배우는 것이 제일이다.

스스로 성공한 사람들이
배우기 잘했다고 생각하는 것들

회계 (부기) **지식**

영어 능력 (특히 회화)

프로그래밍 (기술 담당자와 이야기할 때 필요)

미팅 (소통 능력 향상에 상당히 도움이 되었다)

말투 (표현력 포함)

높은 연배의 사람을 대하는 법

음주문화

맛있는 요리점 리서치 (사람과 사람을 이어주는 데 편리)

정보를 알기 쉽게 정리하는 기술

카피라이팅 (어휘력이 향상되었다)

다도나 꽃꽂이 (미적 감각을 키울 수 있다)

마작 (연령에 관계없이 즐길 수 있어 유용하다)

경영학 (경영자에게 유리)

역사와 지리 (넓고 얕게라도 알고 있으면 쓸 곳이 생긴다)

철학이나 미술 등의 교양 (위와 같음)

두 번째
계단

경험

살면서 겪는 모든 경험에서 의미를 찾아낸다

화려한 경력을 지닌 사람을 대할 때면 좌절을 모르는 천재가 아닌가, 싶은 인상을 받기도 하지만, 절대 그렇지 않습니다. 오히려 역동적으로 활동하는 사람일수록 어딘가에서 반드시 크게 넘어진 경험이 있습니다.

오직 자기 힘으로 상위 1%가 된 사람 중에 늘 꽃길만 걸어온 사람은 아무도 없습니다. 빚을 짊어진 사람도 있고 인사고과에서 강등당한 사람도 있으며 병으로 장기 요양한 사람 등, 어떤 방식으로든 사건·사고를 거쳤습니다. 시대 흐름이나 사고 등 원인이 외부에서 기인할 때도 있고, 잘난 체하다가 실패하는 등 자기 행동에서 기인한 경우도 있었습니다. 그 내용도 일이나 가정사 등 가지각색입니다. 즉 모두가 '경험'이라는 두 번째 계단을 거쳐왔습니다.

흥미로운 점은 스스로 성공한 사람일수록 '그 일이 일어난 데는 다 이유가 있다'라고 상당히 미래지향적으로 받아들인다는 것입니다. 과거의 경험이 있기에 오늘날 자신이 있다는 것을 실감했다고 할까요.

더욱 신기한 점은, 자신의 성공담을 적극적으로 드러내는 사람은 없고 실패담이나 좌절한 경험에 힘을 실어 이야기한다는 것입니다. 그때도 고생담을 들려주겠다거나 불만이 많다는 식의 감정적 소비가 아니라, "너무하지 않아요?(웃음)", "진짜 애먹었습니다"와 같이 남 얘기하듯 덤덤하게 말합니다. 물론 실패나 좌절한 경험에만 집중하는 것은 아니지만요.

'갓 졸업해서 들어간 회사가 마음에 들었다.'

'20대 후반에 스승을 만났다.'

'아내 덕분에 용기 내 독립할 수 있었다.'

이렇듯 살아가면서 중요한 선택의 기로에 설 때도 긍정적으로 생각합니다. 성공한 사람들은 수많은 경험을 거듭하면서, '일이 잘 풀리지 않는 게 당연하다(나쁜 일은 영원히 이어지지 않는다)'는 사실을 인정하고 경험에 자기 나름대로 해석을 붙임으로써 일이나 인생에 긍정적인 기운을 불어넣습니다.

취미로 로드바이크를 타다가 큰 사고를 당해 의식 불명의 위험한 상황까지 간 사람이 있습니다. 지금도 얼굴에는 수술 흔적이 남아 있습니다. 그 사고를 겪은 후 덤으로 얻은 생명인 만큼 사회에 도움이 되는 일을 하기로 했답니다. 그가 일으킨 사업은 현재 텔레비전이나 신문 등에서 크게 주목을 받습니다.

이미 일어난 일을 겸허하게 받아들여 새로운 도전이나 다음 단계를 위한 발판으로 삼는 것, 이것이야말로 성공한 사람이 되는 길입니다. 단순히 일어난 일에 매몰되지 않고 새롭게 의미를 부여함으로써 실패나 절망스러운 일이 있더라도 움츠러들지 않고 도전하게 됩니다.

좌절이나 실패 없는 성공은 없다

자기 힘으로 성공한 사람들을 인터뷰하면서 알게 된 사실은 열이면 열, 심각한 좌절을 경험했다는 점입니다. 눈부신 업적을 남겼으니 성공한 결과만 주목받기 쉽지만, 이면에는 그보다 훨씬 많은 실패담이 있었으며, 다들 역경에 부딪쳐 가슴이 무너지는 일을 경험했습니다.

단지 성공한 사람은 수많은 좌절이나 실패 경험에 긍정적 의미를 부여한다는 점이 보통 사람과 다릅니다.

어느 연구원은 대학 시절에 문과계열 학부에서 공부했는데, 졸업 후 취직을 하지 못했습니다. 앞으로 어떻게 살아야 할지 암흑

같이 미래가 캄캄하던 시기에 문득 어린 시절 동경하던 로봇을 개발하고 싶어서 이과 대학으로 다시 입학한 이력이 있었습니다.

이야기를 듣고 "처음부터 이과계 대학교에 들어갔다면, 하는 아쉬움이 남습니까?" 하고 질문하니 "아뇨, 그렇게 생각하지는 않습니다. 제 인생에서 필요한 경험이었다고 생각합니다. 취직에 실패한 덕분에 어린 시절의 꿈을 불러올 수 있었으니까요" 하고 망설이지 않고 대답했습니다.

물론 이 연구원뿐 아니라 누구에게 물어도 대답은 마찬가지였을지도 모릅니다.

"한 번 이혼을 겪은 후라, 지금 동반자를 만날 수 있었습니다."

"회사가 도산했기 때문에 전력을 다해 경영에 뛰어들 수 있었습니다."

"병으로 요양한 경력이 있어서 제 한계가 어디까지인지 알 수 있었습니다."

이처럼 듣기에 따라 부정적인 경험이라도 긍정적으로 해석합니다. 부정적인 경험을 부정적으로 인식하지 않는 것, 그래서인지 나쁜 체험일수록 신나게 이야기하는 모습도 인상적이었습니다.

세계적으로 활약하는 카레이서 한 분은 경영인 집안에서 태어났기 때문에 유소년기에는 유복한 삶을 누렸다고 합니다. 그러던 어느 날 회사가 도산했고 자택에는 빚쟁이들이 쳐들어왔습니다.

이 빚쟁이들은 놀랍게도 다른 빚쟁이들보다 채권을 먼저 행사하려고 집에 눌러앉았다고 합니다. 한동안 빚쟁이들과 기묘한 동거를 했고 그 후에는 험난한 청산 과정을 겪었다고 합니다.

"덕분에 웬만한 어려움은 대수롭지 않게 넘길 수 있게 되었지요" 하고 웃으면서 이야기합니다.

<u>스스로</u> 성공한 사람은 왜 이렇게 긍정적으로 사고하기를 좋아할까요?

원래 인간의 기억이란 머릿속에 차근차근 깔끔하게 정리되어 있지 않습니다. 기본적으로는 발생한 일들이 뒤죽박죽 엉켜서 밤하늘의 별처럼 무수한 점들로 흩어져 존재합니다.

그런데 성공한 사람들의 의식은 살면서 겪은 일들이 모두 하나의 선으로 연결된 듯 이어져 있습니다. 실패했다는 사실에만 주목하면 충격적이고 슬프며 수치스러운 마음도 생기겠지요. 보통 사람은 그 기억에 뚜껑을 덮어버리지만 성공한 사람은 다릅니다. 일어난 일을 정리하고 새로운 해석을 덧붙여, 점과 점 사이를 연결하고 선으로 완성해갑니다. 어떤 경험이건 인생에 의미가 있다고 생각하기 때문에 현재 자신이 어떤 상황에 부닥쳤는지 분석할 수 있습니다. 그 때문에 고난을 만나도 밑바닥엔 희망이 있습니다. 이제 올라갈 일만 남았다는 긍정적인 마인드가 생겨납니다.

나아가, 이렇게 정리하려면 언어화하는 방법이 효과적입니다.

인터뷰 중에도 "아, 그렇구나. 잊어버리고 있었는데, 이런 일도 떠오르네요. 그 일도 지금의 저를 있게 해주었지요" 하고 이야기하면서 비로소 생각나는 경우도 있었으니, 뜻하지도 않던 해석이 추가되기도 합니다.

과거를 정리해서 매듭을 지은 후 현재와 미래로 이어가는 것. 잘되는 사람이 긍정적이고 실패담마저 즐겁게 이야기하는 것은 그렇게 해서 생긴 습관 때문입니다.

👑
자기 힘으로 상위 1%가 되는 비결

살면서 겪은 일들이 하나의 선으로
모두 연결되어 있다고 생각한다.
그러면 힘들었던 일도 긍정적으로 기억할 수 있다.

쉽게 포기하지 않는다

자기 힘으로 성공한 사람은 대개 직장 생활을 경험한 후 독립의 길을 택합니다.

어떤 생각으로 직장에 취직하며 또 독립의 길을 선택할까? 인터뷰를 통해 얻은 답변을 중심으로 소개하겠습니다.

"그 회사를 첫 직장으로 고른 이유가 있습니까?"

이 질문에 대부분 '우연히'라는 답을 내놓았습니다.

"그때 인기 있는 직종이었으니까요", "가고 싶은 회사는 따로 있었지만 나를 채용한 곳은 여기뿐이었거든요" 같은 대답이 눈에 띕니다.

명확한 목적의식을 갖고 직업을 선택했을 것 같지만, 그렇지 않았습니다.

물론 개중에는 큰 회사의 구조를 알아두고 싶어서 일부러 대기업에 취직했거나, '값비싼 상품을 판매할 능력이 있으면 어떤 업계에서건 싸워나갈 수 있을 것 같아서 고액의 영어교재 판매 회사에 취직했다는 사람도 있었습니다. 이런 사람들은 경영하고 싶거나 돈을 모으고 싶다는 등 지속해서 명확한 의도를 갖고 독립의 길을 걸었습니다. 이를 제외한 대다수 성공한 사람들은 우연이라고 답했습니다.

한편, 회사를 그만둔 이유는 무엇일까? 크게 2가지로 나뉩니다.

하나는, 일하기 힘들어져서입니다. 주된 원인은 다음과 같습니다.

- 업무 내용이 생각과 달랐다.
- 사업 부문이 축소됐다.
- 해고되었다.
- 누군가의 밑에서 일하는 것이 싫어졌다.

다른 하나는, 조직의 이념이나 문화와 맞지 않아서입니다.

- 고객을 중시하던 회사가 매수되어 숫자를 우선하는 풍조로 바뀌어버렸다.
- 외국계 기업인데도 연공서열을 따지는 회사인지라 눈부신 매출 실적을 올렸는데도 합당한 대우를 받지 못했다.
- 새로운 경영자와 궁합이 맞지 않았다.

조합해보니 이유가 의외로 평범해서 놀랐습니다.

취직한 이유는 우연이고, 그만둔 이유도 회사가 싫어졌거나 회사가 변해버렸다는 평범한 내용입니다. 모 대기업에서 임원 자리에까지 올라간 사람이라도 퇴직 사유를 '미래가 보이지 않았기 때문에'라고 말합니다. 그 가운데에는 직장 일은 싫지 않았지만 정말로 좋아하는 일을 만나서, 라는 사람도 있었으나 그런 사람이라도 "뭐, 솔직히 지겹기도 했지만요" 하고 덧붙였습니다.

성공한 사람이라고 특별한 정신세계를 가진 것은 아니었습니다. 누구나 느끼는 감정은 비슷했습니다. 그러나 보통 사람과 다른 점은 그만두기까지의 과정이며 가능한 일은 무엇이든 시도해보고 다음 일로 이어질 무언가를 얻어냅니다.

모 텔레비전 프로그램의 프로듀서를 예로 들면, "원래는 인기 직종이라 취직했는데 AD(assistant director) 일이 너무 고되어서 도망친 적도 있습니다. 하지만 프로그램을 만들어가는 작업은 상당히 재미있어서 눈을 들어보니 오래 근무했더군요. 마침 애정을 품고 있던 프로그램의 종영이 결정되는 바람에 전환점이다 싶어 퇴직을 결심했습니다" 하고 말합니다. 이처럼 우연히 들어간 회사라도 어느새 그곳에서 열정을 쏟아붓고 있었던 것입니다.

또 몇 번인가 이직을 경험한 사람 중에는 "3년 안에 결과를 내기로 정하고 할 수 있는 일을 다 해보자 했는데 뜻대로 되지 않아 어쩔 수 없다, 다른 길을 생각하면 된다는 심정으로 일해왔습니다. 열심히 앞만 보고 달리다 보니 신기하게도 다른 일과 연결고리가 생기더군요"라고 대답했습니다.

흔히 과거에 연연하는 사람들은 회사를 그만두어서는 안 된다고 말하지만, 성공한 사람들을 만나보니 그만두어도 대체로 별 탈 없어 보입니다.

돌부리에 걸려 넘어져도 한 번에 일어날 수는 없습니다. 주어진 환경에서 벗어나고자 기를 쓰거나 결과가 나오지 않았다고 해도 그 경험을 새로운 단계로 옮겨갈 발판으로 바꾸어야 합니다. 자기 힘으로 성공한 사람은 그렇게 경력을 쌓습니다.

👑
자기 힘으로 상위 1%가 되는 비결

어떤 환경에서건 쉽사리 그만두는 것이 아니라
도움이 될 만한 것을 흡수해
다음 커리어와 연결고리를 만든다.

——— ★ ———

주는 사람이 성공한다

성공한 사람을 만나면 느닷없이 "재미있는 사람이 있는데요" 하고 사람을 소개해주거나 "당신에게만 이야기하는데요"와 같은 비밀스러운 특종을 가르쳐주기도 합니다. 보답을 바라서가 아니라 그저 마음에서 우러나오는 친절이었습니다.

스스로 성공한 사람은 자신이 가진 것을 공유함으로써 보다 나은 인연, 좋은 기회를 잡습니다. 처음부터 그런 것은 아닙니다. 경력이 많아질수록 베풀 줄 아는 사람으로 성장해갑니다.

어떤 회사 대표가 사원을 일하게 하는 데만 집중해서 연구하다가 신뢰하던 간부사원들이 그만둔 일화를 들려주었습니다. 그만

—

실험을 통해 경험을 얻을 수 없다.
만들 수도 없다. 반드시 겪어야 얻는다.

—

알베르 카뮈

둔 간부사원 자리를 지금껏 마뜩잖게 여기던 젊은 사원들로 채우자, 회사가 겨우 존속할 수 있었습니다. 덕분에 사원들에 대한 고마운 마음을 갖게 되었고 이후 회사는 더욱 성장하게 되었습니다.

성공한 사람들은 이와 같은 체험을 거쳐 가치관의 전환을 경험합니다.

그 밖에도 전문 기술만이 아니라 인간성이 중요하다는 판단하에 성장하려고 노력했다, 나를 위해서가 아니라 다른 사람을 위한 커리어를 생각하기 시작했다, 시야를 넓히고 싶어서 경영이나 업무 구조를 배우기 시작했다, 이처럼 많은 사람이 어떤 경험을 통해 지금까지와 완전히 다른 생각이나 행동을 취하기 시작합니다. 그렇게 가치관을 바꾼 배경에는 슬럼프나 인생에서 만난 큰 좌절이 있었습니다. 자기 힘으로 성공한 사람들 중에 우울이나 감정기복, 불면 같은 가벼운 질환 경험자가 적지 않습니다. 이벤트나 과로로 인한 스트레스, 일에서의 큰 실패 등을 계기로 회사를 쉬거나 그만두는 경우도 있었습니다.

성공한 사람이라고 특별히 스트레스에 내성이 강하지는 않습니다. 오히려 책임감이 강하고 성실한 사람이 많아서 스트레스에 약할지도 모릅니다.

하지만, 고난을 넘어섰을 때 '도움을 준 사람들에게 정말 감사할 수 있게 되었다', '내가 인생에서 무엇을 추구하고 있는지 (혹은 놓쳐버렸는지) 알았다'라고 이야기합니다. 어느 경영자는, "병에 걸리는 건 당시에는 괴로웠지만 지나고 보니 좋은 공부가 되었구나, 싶더군요" 하고 농담 섞어 말했습니다.

물론 그런 경험을 한 사람이 꼭 성공한다는 보장은 없습니다. 단지 그들은 인생에 어떤 일이 벌어져도 만회할 수 있다는 희망을 갖고 살아간다는 점입니다. 인생의 전환기는 좋은 일만 가져다주지 않습니다. 오히려 힘든 때일수록 삶의 본질을 생각할 기회가 찾아옵니다.

♔
자기 힘으로 상위 1%가 되는 비결

자신이 가진 것을 공유할수록
좋은 기회를 만날 가능성이 높아진다.

———— ★ ————

고민은 해도 절망은 하지 않는다

누군가 "고민이란 성장을 바라기 때문에 현상에 문제의식을 느껴 발생하는 것입니다. 바로 희망의 씨앗입니다"라고 일러준 적이 있습니다. 복잡한 현대를 살아가는 사람이라면 각자 나름의 고민을 안고 있습니다. 고민은 피해야 할 것이 아니라 더 좋은 길을 찾기 위한 희망의 씨앗입니다. 성공한 사람이라고 고민이 없지 않으며 오히려 일을 잘하니까 생기는 고민도 있고, 커리어 단계마다 새로운 고민이 기다리기도 합니다. 그 경험을 통해 새로운 인생의 전환점을 맞기도 합니다.

그들은 어떤 고민들을 할까요?

우선 가장 많이 하는 고민은 소속된 조직에서 한계를 느끼는 것입니다.

스스로 성공한 사람은 대부분 실무자로서는 우수한 재원이라 조직이나 팀 안에서 두각을 나타냅니다. 하지만 어느 정도 승진해서 일의 범위가 넓어지면 팀의 일원으로서 일하던 때에는 신경 쓰지 않던 문제점이 보이기 시작합니다. 인재 문제나 업계 및 경영진에게 보이는 문제점, 미래를 내다보며 느끼는 위기감 등 이대로 조직에 소속되어 있어도 좋은가, 조직에 남아 있는 것이 개인의 행복이나 성장으로 이어지는가, 같은 고민을 합니다.

대부분 사람들은 이런 고민 끝에 근무지를 옮기거나 독립해서 경영자 혹은 개인사업자가 되는 경향이 많습니다.

그럼 독립한 사람은 순항하는가? 그렇지는 않습니다.

우선 독립하면 경제적인 문제에 봉착합니다. 어떤 사람이건 독립한 최초 1~2년간은 적자를 면치 못하고 적금이 눈에 띄게 줄어듭니다. 당장 자금 조달에 어려움을 겪습니다. 그런 가운데 안정된 수입을 얻기 위한 비즈니스 모델을 어떻게 만들어야 하는지 고민해야 합니다.

처음 생각한 비즈니스 모델이 그대로 통하는 경우는 드뭅니다. 대개는 플랜 A, 플랜 B, 플랜 C와 같이 여러 단계로 계획을 수정해갈 수밖에 없습니다. 그럼에도 잘 풀리지 않는 경우가 훨씬 많습니다.

결국 시행착오를 반복하면서 플랜 D~E 즈음에서 겨우 안정을 찾는다는 공통점이 있습니다. 본업에서 돈벌이가 되지 않아 부업을 했다는 사람도 많으며 실무 능력만으로 자유롭게 활약하기 힘든 현실에 부딪쳤다는 사람도 있습니다.

우여곡절 끝에 경제적 어려움은 극복했으니 비교적 순조로우리라 안심한 사람이 직면하는 고민은 '사람'입니다.

본업에 집중하기 위해서는 경리나 총무 같은 뒷일을 맡아줄 사람이 필요하며, 매출을 확대하기 위해서는 보다 많은 인재를 확보하는 것이 관건입니다. 그 과정에서 많은 문제가 발생합니다.

의외로 '믿었던 부하에게 배신당한' 경우가 많아서 놀랐습니다. 회계 업무를 담당한 사람이 공금을 횡령한 사례가 몇 건이나 있었습니다. 그 밖에도 이인삼각으로 열심히 땀을 흘려온 공동 경영자가 경쟁 회사로 자리를 옮겼다거나 부하가 자기 동료를 끌고 나가 다른 회사를 차렸다는 체험담도 빠지지 않습니다.

인재 이야기뿐 아니라 예기치 못한 부분에서 괴소문에 시달리거나 사고, 거래처와의 트러블에 관한 이야기도 끊이지 않습니다.

자유로워지고 싶어서 조직에서 독립했음에도 하고 싶은 일에 마음 놓고 집중하기 어렵다는 딜레마가 찾아오는 것입니다.

이처럼 성공한 사람들은 쉬지 않고 고민합니다. 그러는 와중에 큰 사건이나 만남 등을 계기로 자기 가치를 돌아보고 성장의 기회를 얻습니다.

덧붙여 말하자면, 지나치게 순조로워도 괴롭다고들 합니다.

일이 지나치게 잘 풀리면 실패가 두려워서 정신적인 불안이나 압박을 느끼기도 하고 너무 바빠서 자기만의 시간을 전혀 갖지 못하기도 합니다.

언젠가 '시계추 이론'에 관해 이야기해준 컨설턴트가 있었습니다. 그의 말을 빌리자면, 세상은 시계추와 같습니다. "예를 들어, 깊은 애정으로 살뜰하게 보살피던 사람이 어떠한 계기로 한 번 등을 돌리면 굉장히 무섭잖아요. 마찬가지로 일이 순조로울 때일수록 가족과 공유할 시간을 빼앗깁니다. 매출이 과하게 좋으면 다음 해에 고생합니다(매출 목표가 높아져서 조직이 와해되기도 한다). 그런 식으로 균형을 맞춥니다" 하고 세상사를 가르쳐주었습니다.

고민은 절망적인 숙제가 아니라 희망의 씨앗이다. 성공한 사람들은 경험을 통해 그러한 깨달음을 얻은 것 같습니다.

성공한 사람들은 수많은 경험을 통해
공통적으로 말한다.
"고민은 희망의 씨앗이다."

—

한 번도 실패하지 않았다는 건
새로운 일을 시도하고 있지 않다는 신호다.

—

우디 앨런

우연을 그냥 지나치지 않는다

으레 성공한 사람은 멀리 내다보고 계획적으로 경력을 차근차근 쌓아올렸다고 생각하지만 다들 정신 차려보니 지금 위치에 와 있다는 경우들뿐이었습니다. 여기에 치밀한 계산 따위는 없었습니다.

그것보다 이야기를 듣다 보면 성공한 사람에게는 커리어에 대해 이렇게 해야 한다는 선입견이 없었습니다. 일어나는 일을 그대로 받아들이는 것, 바꾸어 말하면 우연히 발생한 일도 기회로 바꾸어 전환점으로 삼을 줄 압니다.

대기업에서 50대 후반에 벤처기업 경영에 뛰어든 사람이 있습니다. 대기업에 다니던 그가 어느 날 "젊은 경영자가 업계에 정통한 사람을 찾는 것 같은데, 한번 만나보시겠습니까?"라는 권유를 받았습니다. 정보 교환을 목적으로 가볍게 잡담하던 중에 그 젊은 경영자가 함께 회사를 만들어보자는 뜻밖의 제안을 했습니다. 그 제안에 바로 "좋습니다" 하고 수락했습니다. 그때까지 그는 경영자가 되겠다는 생각은 꿈에도 하지 않았는데 새로운 직장으로 옮기게 되었습니다. 이처럼 독립을 계획하는 사람한테서 제안이 들어오거나 일 외적인 곳에서 사람과 어울리다 보니 뜻밖의 인연을 만나 완전히 다른 일을 시작하는 경우도 있습니다.

그 밖에도 이런 사례가 있습니다.

학창시절에 커피숍에서 아르바이트하던 A씨는 근무 중에 단골에게 "자네 커피는 맛이 좋구만"이라는 말을 들었다고 합니다. 이야기를 더 자세하게 들어보니 그 고객은 자산가처럼 보였는데, "내 땅에서 언젠가 커피전문점을 열어보지 않겠나?"라는 제의를 했다고 합니다. "언제든지요!" 하고 짧게 대답해놓고 그 일을 까맣게 잊은 채 몇 년이 지나 A씨는 회사원으로 활약하고 있었습니다. 그러던 어느 날 한 여성이 찾아왔습니다. 수년 전 단골의 사모님인 그 여성은 남편이 저세상으로 가면서 A씨에게 자신의 토지에서 커피전문점을 하게 하라는 유언을 남겼다고 전했습니다.

A씨는 그제야 아르바이트생일 때 나눈 그날의 대화가 떠올랐

습니다. 그리고 망설임 없이 "네, 하겠습니다"라고 대답했습니다. A씨는 회사원으로서도 출세 코스를 밟고 있었지만, 주저 없이 회사를 그만두었다고 합니다. 현재 커피전문점 경영자로서 전국적으로 높은 매출을 자랑하는 굴지의 전문점으로 성장시켰습니다.

인생에는 예기치 못한 상황에 맞닥뜨리는 우연이 가끔 찾아옵니다. 그리고 성공한 사람은 대부분 우연히 찾아온 기회를 놓치지 않고 붙잡습니다.

스탠퍼드대학교의 명예교수 존 크럼볼츠(John D. Krumboltz)는 '계획된 우연(Planned Happenstances)'이라는 커리어 이론을 주창했습니다. 인간의 커리어 중 80퍼센트는 예기치 못한 우연으로 결정된다, 이 우연에 좌우되는 일들을 미리 계획적으로 설계함으로써 커리어를 향상할 수 있다는 이론입니다.

말 그대로 성공한 사람은 생각지도 못한 일에 흥미를 느낄 여유가 있습니다. 눈앞의 일을 열심히 하면서도 다른 즐거운 일이 있으면 그 또한 길이라는, 좋은 의미에서의 느긋함과 여유가 있습니다.

유연한 마음을 갖고 있어서 새로운 만남도, 새로운 배움에도 더욱 적극적으로 뛰어들 수 있다고 생각합니다.

우연을 어떻게 잡을 수 있을까요? 앞으로 4장에서도 관련된 주제가 이어지므로 그때 자세히 살펴보겠습니다.

예상 밖의 일도 받아들이고,
이러해야 하고 저러해야 한다는 고정관념이 없어야
우연을 그냥 지나치지 않는다.

세 번째
계단

습관

자기만의 규칙을 정하고 습관화한다

자기 힘으로 성공한 사람의 특징을 꼽으라면 '초지일관', '언행일치'라고 할수 있습니다. 그런 자세를 유지하기 위해 자기만의 규칙을 정하고 그에 맞는 습관을 만들어 실천합니다. 바로 '습관'이 그들이 공통적으로 거친 세 번째 계단입니다.

하루에 책 1권 읽기, 일주일에 7명 이상 새로운 사람과 접촉하기, 하루에 1장의 CD 앨범 듣기, 회식할 때 2차에는 가지 않기 등의 소소한 내용에서, 침체기에는 새로운 일을 하지 않기와 같은, 일을 판단하는 데 직접 관련된 포괄적인 규칙도 있습니다.

이런 규칙들은 크게 2가지 성질을 띠는데, 하나는 누구에게도 강제 받지 않고 스스로 결정하고 그 습관을 이어간다는 점이며, 다른 하나는 결정한 것을 끝까지 지킨다는 점입니다. 모든 분이 자발적으로 이렇게 하고 싶다, 이렇게 하자는 규칙을 정해놓고 생활 속에 반영합니다.

방금 예로 들었듯, 규칙 하나하나는 작은 행동으로 나타날지라도 '반드시 지속한다'는 신념을 가지고 철저하게 끝까지 지킵니다.

연습을 위해 하루에 몇 시간이나 악기를 연주하는 어느 음악가는 연습할 시간을 정확하게 짜놓고 절대로 변경하는 일이 없다고 합니다. 규칙을 정하기까지 이런저런 시행착오를 겪으며 약간의 수정도 거치지만 일단 '이 기간에는 이렇게 하자'고 정하면 최소한 그 기간만큼은 준수한다는 행동력을 지녔습니다.

왜 그렇게까지 지키려 애쓸까요?

경영학 분석 중에 표층적 경쟁력과 심층적 경쟁력이 있습니다. 간단히 말하면 표층이란 눈으로 보이는 것, 심층이란 겉으로는 보이지 않는 내면을 말합니다. 경영할 때는 기업이나 상품의 브랜드 인지도(표층)뿐 아니라 현장에서 전해지는 에너지나 회사 안에서의 인간관계, 분위기와 같은 직장 밖에서 알 수 없는 내면(심층)도 경쟁력을 좌우한다는 것입니다. 즉 어떤 습관이건 철저하게 유지하면 심층의 힘을 강화할 수 있다는 말입니다.

연 매출 100억 엔을 올리는 회사의 경영자, 대기업 임원만을 고객으로 둔 컨설턴트, 전 종합격투기 챔피언, 세계를 내 집처럼 드나드는 아티스트 등 누구나 알 만한 지위에 있는 사람이라도 그 지위를 지탱하는 것은 자신감이나 의지, 행동력 같은 인간으로서 갖추어야 할 내면적인 부분입니다.

습관을 만들고 규칙을 철저하게 지키는 과정은 일을 위하고 건강을 살핀다는 표면적인 이유뿐 아니라 지속함으로써 내면을 성장시키고 자신의 가치를 높이기 위해서도 필요합니다.

사소한 습관이 성공을 부른다

성공한 사람들의 세 번째 공통점은 자기만의 규칙을 정하고 그 것을 습관으로 실천한다는 것입니다. 자신이 정한 규칙을 철저 하게 지킴으로써 의지력, 성실함, 시간 관리 능력 등이 절로 몸에 뱁니다.

이 규칙은 크게 '날마다 훈련하는 사소한 습관'과 '인생의 국면 을 좌우하는 거대 규칙'으로 나눌 수 있습니다. 우선 소소한 습관 부터 살펴보겠습니다. 이 소소한 습관에는 '텔레비전은 녹화한 것 을 배속으로 시청한다' 하는 아주 친숙한 것에서부터 매일 5~6명 을 반드시 만나기로 정해놓는 영업사원, 하루에 만 자 이상 쓰기로 정한 작가, 하루에 두 시간씩 책을 읽자고 결심한 경영자 등 상당히 절제된 규칙을 정한 사람까지 다양합니다.

　규칙을 정하는 이유는 무엇일까? 그 이유는 다시 둘로 나뉩니다.

　1. 나를 갈고닦기 위해.
　2. 의지나 집중력을 끌어내기 위해.

—
나를 갈고닦기 위해

'나를 갈고닦기 위해'란 직접 일과 관련된 습관이며 한눈에 보기에는 관계없어도 결과적으로 능력이나 결과를 향상시킬 수 있는 규칙입니다.

　긴자에서 인기 있는 미용실 주인인 미용사는 젊은 시절에 오로지 커트 연습에만 몰두했다고 합니다. 처음에는 주뼛주뼛 고객의 머리카락을 잘랐으나 매일 밤 미용실 문을 닫은 후에 연습을 거르지 않다 보니 어느 순간 고객의 머리카락을 자른 후의 모습이 자연스레 머릿속에 그려지고, 좀 더 지나서는 자르고 한 달이 지난 시점의 머리 모양까지 예측할 수 있게 되었답니다.

스스로 성공한 사람은 업종을 불문하고 한 가지 행동을 반복했을 뿐인데 갑자기 재능이 빛을 발하게 되는 순간이 찾아왔다고 말합니다. 경영인이라면 아무렇지도 않은 일상 풍경에서 새로운 비즈니스 모델이 보인다고 합니다. 제작자라면 기획서의 첫 줄만 보아도 개요와 가능성을 짐작할 수 있다고 말합니다. 영업 현장에서는 누가 제일 키맨(계약을 따내기 위한 주요 인물)인지 분위기로 알 수 있다고 합니다. 언뜻 보면 천재적인 특수 능력 같은 자질을 오랜 훈련이나 습관 끝에 익혀갑니다. 그러나 정작 당사자들은 결코 특별한 일이 아니라고 말합니다.

"어느 순간 자전거를 탈 수 있게 되는 것처럼 순간적입니다. '아, 일에서도 마찬가지구나!' 하고 깨닫자마자 반복 훈련이란 모든 일에 예외 없이 해당되는 진리라는 것을 발견했습니다."

이처럼 성공한 사람은 훈련이 쌓이고 쌓이면 '능수능란해지는 순간이 온다'는 것을 의식적으로든 무의식적으로든 이해합니다.

—

의욕이나 집중력을 끌어내기 위해

규칙을 설정하는 또 한 가지 이유는 일상에서 의욕이나 집중력을 끌어내기 위해서입니다. 소위 일상적인 습관이지요. 피곤할 때는 일하기 싫고 가능하다면 쉬고 싶지만, 편안함에 끌려가지 않도록 스스로 채찍질하기 위한 습관이라 할 수 있습니다. 일반적으로 샤워하기, 스트레칭하기, 커피 마시기 등이 해당하는데, 하루를 시작할 때나 점심 식사 후에 의식적으로 하는 경우가 많습니다. 어느 경영자는 반드시 매일 아침 다섯 시에 출근하기로 정해놓고 몇 년 동안 습관처럼 지켰습니다. 강제적으로 장소나 환경을 조성해 다른 길로 빠질 구실 자체를 만들지 않기 위해서입니다.

일상적인 습관은 다소 즐거움을 위해 정하는 경우도 많아서 유행하는 것들을 접목하거나 이리저리 달리 시도하는 사람도 많습니다.

인터뷰 중에 문득 생각나서 수면 시간은 어느 정도인지 물어보았습니다.

결과는 잠을 적게 잔다는 부류와 아무리 바빠도 매일 충분히 잠을 잔다는 부류로 극명하게 나뉘었습니다. 잠을 적게 자는 사람은 체력이 있는 사람이거나 체질적으로 쇼트 슬리퍼인 사람이었습니다. 매일 충분히 잠을 자는 사람은 '과거에는 쇼트 슬리퍼였으나 결국 몸이 상해서 이제는 잠을 많이 잔다'는 답도 많았습니다.

앞에서 소개한 AI 연구자가 말하길, 우리의 뇌는 잠자는 동안에 정보를 최적화(컴퓨터로 말하자면 디플러그)하기 위한 처리 작업을 수

행합니다. 그 속도는 사람마다 다르기 때문에 자기 능력을 이해한 후에 수면 시간을 관리하면 집중력을 끌어내는 데 효과적입니다. 수면을 포함해 내게 맞는 규칙을 발견해가는 것은 매우 중요합니다.

👑
자기 힘으로 상위 1%가 되는 비결

작은 습관도 소중히 하라.
습관이 쌓이면 강한 무기가 되기 때문이다.

언제나 자기 관리는 필수다

성공한 사람이 세우는 규칙에는 일상의 작은 습관을 넘어서 '이 경우에는 이렇게 한다 (혹은 하지 않는다)'라는 일종의 철학으로, 행동을 결정할 때 기준이 되는 것도 있습니다.

그중에서도 흥미로웠던 점은 '잘나갈 때'와 '잘나가지 못할 때'의 규칙이었습니다. 성공한 사람들은 줄기차게 이어지는 상승과 하강 곡선을 슬기롭게 극복할 수단을 터득했으며 그 속뜻은 모두 같았습니다.

우선 일이 순조롭게 잘 풀리고 있을 때의 규칙에 대해 살펴보겠습니다.

잘나갈 때는 무엇에 주의할까요?

놀랍게도 모두 같은 답을 내놓았는데, '잘나갈 때일수록 나를 다스린다'는 점입니다. 간단히 말하자면 오르막길에서 과하게 호흡하지 않도록 행동이나 태도를 절제하는 것입니다. 모두 경험을 통해 '인생은 잘나가기만 하지 않는다', '순풍에 몸을 맡기면 실패한다' 같은 깨달음을 온몸으로 이해하기 때문입니다.

어느 경영자는 스노보드 타기 붐이 찾아오기 전부터 보드를 판매하고 있었습니다. 1990년대에 드디어 겨울 스포츠가 주목을 받기 시작하자, 이때를 잡자는 요량으로 상품을 대량 발주했지만, 대형 스포츠용품 판매점들이 독점하는 바람에 매출이 오히려 극감했습니다. 재고가 쌓여서 도산하기 직전까지 내몰렸다고 합니다.

또 원래 인기 상품 판매점을 운영하던 사람은 "텔레비전이나 잡지에 자주 나올 때는 손님이 밀물처럼 들어와서 내가 천재라고 착각하던 시기가 있었습니다. 일단 열기가 식기 시작하니 사람들은 썰물처럼 싹 빠져나가더군요. 남들이 치켜세우니 마냥 들떠 있었을 뿐이라는 사실을 알았지요"라고 말합니다.

이처럼 회사에서 사업이 성공하면 욕심이 생기기도 합니다. 활약상을 미디어에서 소개하기라도 하면 이들은 자랑하고픈 부분만 부각하니까 겸손해지기 어렵습니다. 그런 상황에서 얼마나 냉

세 번째 계단

정할 수 있는가, 젠체하지 않고 평정을 유지할 수 있는가. 각자 쓰라린 경험을 기반으로 자신을 제어할 방법을 배웁니다.

구체적으로 어떤 규칙을 만들어 자신을 다스릴까요?

공통된 점은 '일상을 바꾸지 않는 것'입니다. 앞서 소개한 작은 습관을 지킴으로써 감정·태도·돈 사용법 등을 원점으로 되돌립니다.

어느 기업인은 이렇게 말합니다.

"우리가 벌이는 사업은 준비 기간을 거쳐 반년에서 1년 후에 성과가 나타납니다. 결국 지금 순조롭고 결과가 좋다면 반년 전에 진행한 일이 결실을 맺었다는 뜻입니다. 그 점을 잊어버리고 지금 게으름을 피운다면 다시 반년 후에 지옥을 보게 되겠지요 (웃음)."

이는 어떤 일이건 예외가 아닙니다. 조금은 넥타이 끈을 느슨하게 풀어도 괜찮겠지, 하고 생각했다가는 낭패를 보기 십상입니다. 이 조금이 여러 톱니바퀴를 어긋나게 하는 원인이 되어버립니다. 그래서 엄격한 규칙을 만들어 자신을 강제적으로 통제하는 사람도 있습니다. 자기 스케줄을 모두 부하에게 관리하게 하고 '이 의뢰를 받으면 회사에 이익이 생긴다'는 판단이 서면 비어 있는 시간을 채울 수 있게 한 것이지요. 또 다른 사람은 자기 은행 계좌의 예금 잔고와 회사의 예금 잔고, 또 개인의 스케줄을 임원이 볼 수 있게 공개하기도 합니다.

　더욱 특이한 경우로, 지금 목표나 의식하는 일을 편지로 써서 자기 자신에게 보내는 사람도 있었습니다. "또 다른 나에게 편지를 받는 느낌이 신선하고 동기부여도 됩니다(우표까지 붙여서 우체통에 넣는다고 합니다)."

　이처럼 다양하게 시도하면서 일상 속에서 자신을 효율적으로 관리하는 시스템을 접목하고 있습니다. 바꾸어 말하면 일이 잘 풀릴 때 스스로 자기 관리를 하는 것은 그만큼 어려운 일이라는 뜻이겠지요. 신나서 본분을 잊어버리지 않았는지 반복적으로 자문자답해야 합니다.

♛

자기 힘으로 상위 1%가 되는 비결

잘나갈 때일수록 자신을 다스리는 것은
쉽지 않은 일이지만 반드시 필요한 일이다.

잘 풀리지 않는다면 기본에 충실하라

잘나가지 않을 때의 규칙은 어떨까요?

우리는 대개 성공한 사람, 성공한 이야기에 눈을 돌리기 쉽지만, 아무리 성공 가도를 달리는 사람이라도 정체기나 하강 기류를 타는 시기는 찾아옵니다. 사람들은 그 시기를 어떤 기준으로 극복할까요?

성공한 사람들이 내놓은 답에서 공통된 점은 우선 자신의 가치를 의심한다는 점입니다.

늘 하던 일은 과연 옳았을까, 시대에 맞는가처럼 여러 각도에서 검증을 시도합니다.

- 늘 하던 일에 더욱 매진한다.
- 평소와 다른 방법을 모색한다.

늘 하던 일에 더욱 매진한다는 것은, 예를 들면 텔레마케팅 영업을 하는 사람이 '이달에는 평소보다 전화 수가 적었구나. 다음 달에는 전화할 대상을 두 배로 늘려보아야겠다'와 같은 형태로 실행→개선으로 나아가는 방법입니다.

이에 반해 평소와 다른 방법을 모색한다고 하면, '애초에 텔레마케팅은 어느 정도 효과가 있을까. 전화보다 먼저 해야 할 일이 있지는 않을까?'와 같이 다른 접근법을 시도하는 것입니다.

어느 한쪽만 고집하기보다 이 2가지를 동시에 실천하는 사람도 있습니다.

어느 연구원은 일이 잘 풀리지 않을 것 같으면 평소보다 많은 시간을 할애해 해외 콘퍼런스에 참가하거나 논문을 읽고 씁니다. 다른 한편으로는 평소에는 별로 즐기지 않던 회식 자리에 부지런히 참가하면서 색다른 자극을 얻는다고 합니다.

이렇게 해서 자기 존재에 물음표를 던지고 미세한 조정을 더해 갑니다.

이때 역시 성공한 사람들은 잘나가지 않을 때 위험부담이 큰 일을 떠안지 않는다는 공통된 생각을 갖고 있었습니다.

경영자라면 본업에서 이익을 내지 못한다고 신규 사업을 벌이는 일은 하지 않는 것입니다.

"전에는 잘 풀리지 않는 원인을 찾으려고 회의를 좀 더 늘려서 단숨에 역전할 만한 대안을 생각해내려고 분투했지만, 그런 회의를 통해 나온 안건 역시 제대로 풀리지 않으며 그 회의 자체가 매우 비효율적이라는 것을 알았습니다. 잘나가지 않을 때는 사업의 본질을 고민하거나 사내 상황 등 기본 요소에서 삐끗한 경우가 많습니다."

어느 베테랑 경영자가 해준 말입니다.

잘나가지 않을 때 위험을 감수하는 일은 빚을 진 사람이 도박을 해서 빚을 갚으려는 것과 같습니다. 일하는 방식도 마찬가지로, 알기 쉬운 큰 변화를 찾기 전에 자신의 가치를 다시 살피고 착각했거나 못 보고 지나친 부분은 없는지 그 상처 난 부분을 들여다보는 과정이 필요합니다. 그러기 위해 지금 하는 일을 더욱 강화하거나 완전히 다른 행동을 통해 지금까지 갖지 않았던 관점을 손에 넣습니다.

그런 점에서는 잘나가지 못할 때 하지 말아야 할 일은 화내지 않는 것이라 말한 사람도 있습니다.

원래 잘나가지 않는 것이 당연하다고 생각하며 가능한 한 평정을 유지하다 보면 어느 날 문득 해결책이 나오는 경우도 있다고 합니다.

인내하는 시간은 누구에게나 쓰라린 과정입니다. 그러나 이것을 배움의 기회로 받아들이느냐 최악의 상황으로 보고 낙담하느냐는 자신에게 달려 있습니다. 이 지점이 성공한 사람이 되느냐 실패하는 사람이 되느냐의 갈림길인지도 모릅니다.

♛
자기 힘으로 상위 1%가 되는 비결

하는 일이 잘되지 않을 때는
기본이나 본질에 질문을 던진다.
기본을 손봐야 할 때가 많다.

그들의 시간 개념엔 특별한 게 있다

성공한 사람의 시간 개념은 어떨까요? 이메일을 주고받는 방식을 보면 그들의 시간 개념을 잘 들여다볼 수 있습니다. 이메일은 흔한 방식이긴 하지만 실제로 그들과 이메일을 주고받다가 상당히 공감했습니다. 모두가 진정 공들여 답변을 작성해주었고 대화의 매듭을 짓는 것도 빨랐습니다.

그들은 답변을 어떻게 그리 빨리 보낼 수 있었을까? 질문해보니 실제로 여러 이유나 규칙을 말해주었는데 여기에서는 특히 공통된 요소가 많았던 예를 3가지 들어보겠습니다.

—

습관은 창밖으로 던져 버릴 수 있는 것이 아니라
구슬려 한 번에 한 계단씩 내려오게 해야 하는 것이다.

—

마크 트웨인

─
답변을 빨리 할 수 있는 3가지 이유

성공한 사람은 왜 답변이 빠를까요?

첫째는, 역시 시간의 중요성을 이해하고 있기 때문입니다. 성공한 사람 주위에는 하고 싶은 일 외에 꼭 해야 할 일이 산더미처럼 쌓여 있습니다. 그러다 보니 시간이 얼마나 소중한지 뼛속 깊이 느끼고 있지요. 시간은 무엇과도 바꿀 수 없다고 피부로 느끼고 있기에 다른 사람의 시간도 소중하게 여길 줄 압니다.

이메일 답변에 국한되지 않고 결단을 미루지 않는다거나 약속 시각 10분 전에는 반드시 도착하는 등 상대를 기다리게 하지 않는 규칙도 정해놓고 있습니다.

둘째는, 받아들이고 토해내는 과정이 빠르기 때문입니다.

날마다 많은 정보를 처리해야 하므로 수신에서 답신까지의 처리 능력이 뛰어나고 메일 내용에도 나중에 진지하게 생각하자는 등 망설이는 흔적이 드뭅니다.

셋째는, 고민하기 싫어서입니다.

아무리 사소한 연락일지라도 답장을 보내지 않고 남겨둔 안건이 있으면 신경 쓰입니다. 뇌의 작용 기억에는 한계가 있으므로 보다 중요한 일에 집중하려면 작은 일은 바로바로 처리해버리는 것입니다.

물론 예외도 있습니다. 답변을 빨리 하는 것도 규칙이지만, 이와 반대로 답변을 하지 않는다는 규칙을 정해놓은 사람도 있습니다.

특히 창작이나 연구 등 자신만의 세계에 몰입해서 일하는 사람에게 많이 나타나는 경향입니다. 이 몰입 기간(시간)에는 휴대전화의 전원을 꺼놓는 사람도 있고 평소에 빠른 답신을 하더라도 밤에 술을 마신 상태에서는 답변하지 않는다는 사람도 있었습니다. 또 중요하지 않은 안건은 내버려두는 경우도 있으나 일정과 관계된 경우에는 어떻게든 빨리 답변한다는 사람도 있었습니다. 사람마다 내놓은 답변은 달랐지만, 이유는 명확했고 인생에서 어떻게 시간을 사용하는지 뚜렷한 기준이 있었습니다.

—

갑자기 취소되어도 상관없는 일정은 처음부터 계획하지 않는다

정말로 놀라운 사실을 깨달았습니다.

성공한 사람들은 한 번 정한 일정을 좀체 변경하지 않는다는 점입니다. 많은 사람을 인터뷰했지만, 직전에 취소하거나 일정을 다시 짜는 일은 한 번도 없었습니다. 이는 그만큼 관리 능력이 뛰어나다는 말이며 이 부분만 따로 떼어놓고 판단해도 완벽에 가까운 사람이구나, 라는 신뢰감이 높아집니다.

어떤 사람은 말합니다.

"갑자기 일정을 취소하는 것은 결국 상대방을 가볍게 여기고 있다는 속내를 다르게 표현한 게 아닐까요. 그래서 갑자기 일정을 변경하는 사람과는 어울리지 않는 사람도 많아요."

바꾸어 말하면 갑작스러운 일정 변경이나 스케줄을 다시 짜도 좋은, 한마디로 우선순위가 낮은 일정은 아예 만들지 않는다고도 할 수 있습니다.

성공한 사람은 이런 냉철한 면도 갖고 있습니다. 냉철함이 있기에 더욱 세세한 부분을 소홀히 하지 않고 다른 사람의 신뢰를 얻을 수 있는 것입니다.

♔
자기 힘으로 상위 1%가 되는 비결

성공하고 싶다면 시간의 무게를 이해하며,
다른 사람의 시간 역시 소중하다는 사실을 명심한다.

피할 수 없는 회식, 나만의 규칙

성공한 사람들이 갖고 있는 여러 규칙에 대해 들으면서 재미있었던 부분은 회식에 관한 내용입니다. 기본적으로는 회식 자리에 참여한다는 사람이 많았는데 그 규칙을 따라가다 보니 각자 분명한 가치관이 보였습니다. 건강관리나 참가 빈도 등 다양한 관점에서 규칙을 정하고 있었습니다.

성공한 사람에게 회식이란 단순히 스트레스 해소 공간이 아니라 배움의 장이기도 합니다. 물론 때로는 마음 맞는 사람들과 만나기도 하지만 늘 같은 상대를 만나지는 않습니다. 시간이나 목적의식을 갖고 새로운 자극을 찾는 편입니다.

건강관리 면에서

업계에서 최고 수준의 성적을 달성한 영업맨은 거의 매일 회식 일정이 있다고 합니다. 날마다 술을 마시다 보면 몸도 성하지 않을 성싶은데, 이 사람이 정해놓은 규칙은 '반드시 내 차를 이용한다'는 것이었습니다. 차를 몰아야 한다고 하면 술을 마시지 않아도 묵인해주므로 건강을 유지하면서 술자리에 낄 수 있다는 겁니다. 그 밖에 다음과 같은 규칙이 있었습니다.

- 알코올에는 입을 대지 않는다. / 두 잔까지 정해놓는다.
- 21시가 되면 귀가한다. / 2차는 가지 않는다.
- 체형 유지를 위해 두 시간 이상은 마시지 않는다.

회식은 그저 숨을 돌리기 위한 자리만은 아니다

한 가지 더 흥미로웠던 점은 어떤 회식에 가느냐 (또 가지 않느냐)는 규칙이었습니다. 인터뷰에 응해준 이들 모두 명확하게 각자 기준이 있다는 점에 놀랐습니다.

- 다른 일정이 없는 한 누군가 만나자고 하면 거절하지 않는다.
- 시기에 따라 참가할지 말지 여부를 정한다.
- 유독 신뢰하는 사람이 주최하는 모임에는 적극적으로 얼굴을 내민다.
- 회비 몇천 엔을 내는 모임에 여러 번 가기보다 1만 엔 이상의 단가가 높은 모임에 간다(더욱 유능한 사람을 만날 확률이 높으므로).
- 기본적으로 동종업계 모임에는 가지 않는다.

시기에 따라 참가할지 여부를 결정하는 부류 중에는 아티스트나 연구자들이 많았습니다. 그들은 일에 오래 몰두해야 할 때면, 아무리 모임이나 회식을 좋아한다 해도 거절하는 횟수가 늘어난다고 합니다.

반대로 평소에는 별로 좋아하지 않지만 시기에 따라 참여한다는 사람도 있습니다. 상품 디자이너는 기본적으로 아티스트의 성향을 갖고 있어서 회식이나 식사 모임의 권유는 받지 않고 작품 만들기에 집중하기를 좋아합니다. 그러나 독립해서 홀로 비즈니스를 하기 때문에 자신이 영업담당자이기도 합니다. 그래서 신상품이 어느 정도 완성 단계에 접어들면 술자리 초대를 받았을 때 홍보도 할 겸 참석합니다.

또 유독 신뢰하는 사람이 주최하는 모임에는 간다고 답변한 사람은 이런 의견도 주었습니다.

"모임에 어떤 사람을 부를지, 누구와 누구를 연결하면 재미있을지 센스를 발휘하는 사람은 사람 보는 눈이 있어서 실망하는 일이 없습니다. 흔히 유유상종이라 얘기하듯, 좋은 사람들 주위에는 좋은 사람이 모여드는 경향이 있더군요."

이 사람은 IT 대기업에서 수많은 사업과 서비스를 개발했으며 지금까지 회식 자리에서 탄생한 아이디어가 여러 건에 이릅니다.

더욱이 동종업계 모임에는 가지 않는다고 답한 사람이 많았던 점도 인상 깊었습니다. "동종업계 종사자와의 교류가 많은 직업이긴 하지만, 나는 기본적으로 가지 않습니다. 같은 업계 사람들이 모이면 업계 상황이나 회사 안에서의 불만 혹은 불평이 대부분이고, 발전적인 이야기는 거의 나오지 않거든요."

업계에서 최고봉에 올라 있는 사람의 말입니다.

동종업계 사람들과는 (필요 이상으로) 얽히지 않는다고 대답한 사람이 많은 것을 보니, 다른 업계에서 자극을 얻고자 하는 것 같습니다.

"그 분야에서 최고에 이른 지식을 가볍게 들을 수 있다는 점에서는 독학하기보다 훨씬 효과가 큰 것 같아요."

"업종이나 분야가 하나만 달라도 갖고 있는 상식이 완전히 다릅니다. 이 업계 사람은 이런 생각을 하는구나, 라는 사소한 부분도 공부가 됩니다."

"회식이란 게 어떤 의미에서는 그 사람의 종합적인 능력을 테스트하는 장이라고 생각합니다. 지식량, 소통 능력, 두뇌 회전, 그리고 인간성이나 경험치. 이런 재미있는 사람이 있었던가, 하는 경험은 다른 업계 사람들과 교류하지 않으면 모르지요."

♔
자기 힘으로 상위 1%가 되는 비결

어떤 행동에도 목적이나 견해가 분명한,
성공한 사람들은 회식에 대해서도 예외가 아니다.
각자가 회식에 대한 나름의 규칙을 갖고 있다.

—

습관보다 강한 것은 없다.

—

오비디우스

목표를 이루고 싶다면 혼자가 되라

성공한 사람들의 공통된 규칙 가운데 하나가 고독한 시간을 소중히 여긴다는 점입니다. 기본적으로 소통을 좋아하고 모임 등에서도 재미있게 즐기는 사람들이 많지만, 누군가와의 만남이 중요한만큼 철저하게 혼자인 시간도 필요하다고 여깁니다.

외로워서 사람을 만나는 것이 아니라 이유가 있어서 만나는 것처럼 고독한 시간이 필요한 이유가 있기에 자발적으로 혼자가 됩니다. 집단에 속하지 않음으로써 더욱 강인함을 얻습니다.

고독한 시간은 왜 필요할까요? 그 이유는 크게 2가지입니다.

하나는 하고 싶은 일을 하기 위해서입니다. 날마다 하는 일은 하고 싶은 일만 있는 것이 아니라 반드시 해야 하는 일도 많습니다. 그래서 아침 일찍 출근하거나 밤에는 일찍 잠자리에 들기도 하고 주말에는 가족 외 다른 사람과 연락을 끊는 등 혼자만의 시간을 갖고 정말 하고 싶은 일을 합니다.

다른 이유는 자아 성찰을 위해서입니다.

이 부분에 대해서는 6장과 7장에서도 같은 주제로 이야기하겠지만, 성공한 사람은 자신을 객관화하는 능력이 뛰어납니다. 주변 인물이나 사회가 자신을 어떻게 보는지, 어떤 가치를 기대하는지 분명하게 이해합니다.

하고 싶은 일이라는 주관적 시점과 주위가 요구하는 일이라는 객관적 시점, 이 사이를 오가며 통합하기 위해 홀로 있는 시간이 꼭 필요합니다. 지금 하는 일이 주위나 사회의 요구에 부응하는가, 잘못된 환경으로 들어온 것은 아닌가와 같은 점을 점검합니다. 뜨끈뜨끈한 욕조 안에서 몸을 녹이는 동안 생각에 잠기는 사람도 있고, 작정하고 몸을 움직여 머릿속을 맑게 하거나 명상 교실에 다닌다는 사람도 있습니다.

어느 경영인은 서예를 배우는데, 전통적인 편지글을 쓰는 일이 많아서이기도 하지만, 그 이상으로 글쓰기에 집중하는 혼자만의 시간을 소중히 보내기 위해서라고 합니다.

또 어떤 요리사는 메뉴를 연구하기 위해 일주일 중 하루는 가게

문을 닫습니다. 당연히 매출은 떨어지지만, 지속적으로 메뉴를 개발합니다. 이로 인해 고객의 관심을 잃지 않으면서 경쟁이 치열한 요식업계에서 25년 동안이나 자리를 지키고 있습니다.

어떤 공인회계사는 독서와 조깅 시간을 꼭 지킵니다. 아무리 바빠도 거르지 않는 이 습관을 통해 내부에 신선한 공기를 넣어주고자 합니다.

이처럼 다양한 습관을 보면서 느낀 점은 성공한 사람은 정신적으로 자립했다는 사실입니다. 다른 사람과 협력할 줄 알면서도 필요 이상으로 접촉하지 않으며 성인으로서 적당한 거리를 둘 줄 압니다.

주변의 시선을 의식하는 섬세함도 갖추면서 지나치게 의식하다 자신을 잃어버리지 않기에 고독을 즐기면서도 고립되는 일은 없습니다. 이런 균형을 유지하기 위해 혼자가 되는 시간이 필요합니다.

♛
자기 힘으로 상위 1%가 되는 비결

혼자 있으라.
무리지어 다니면서 성공한 사람은 없다.

미래 지향적으로 생각하라

성공한 사람은 타인과 커뮤니케이션할 때도 명확한 규칙이 있었습니다. 특히 공통적으로 2가지를 말했는데, 누군가를 비판하는 공격적인 말을 하지 않는 것, 그리고 과거의 실적을 자랑하듯 늘어놓지 않는 것입니다.

성공한 사람은 부정적인 말을 여간해서는 하지 않습니다. 물론 우스갯소리로 남의 이야기를 하는 경우도 있지만 아무도 상처받지 않도록 전원이 한바탕 웃고 넘길 만한 에피소드를 고릅니다. 사업상 경쟁자를 비판하거나 직원 혹은 부하를 뒤에서 힐뜯는 경우는 거의 없습니다.

이는 우연히 그렇게 된 게 아니라 평소 언어 습관에 세심한 주의를 기울였기 때문입니다.

잘나가는 사람은 당연히 눈에 띕니다. 그렇기에 사람들의 평가 잣대 위에 설 때가 많습니다. 말과 행동 하나하나가 주목받기 쉽습니다. 결국 자신에 대한 외부 평가를 통제할 수 없다는 사실을 잘 알기에 자연스레 말과 행동이 긍정적으로 바뀝니다.

또 일 잘하는 사람들 주위에는 일 잘하는 사람들이 모여들기 때문에 성공한 사람이 가진 가치를 자연스레 흡수하기도 합니다. 젊은 경영자는 거의 매일 하루에 두 번 회식 자리에 나간다고 합니다.

"나를 불러주는 사람은 대부분 신뢰할 수 있고 그 사람들이 내게 손을 내밀어준다는 것은 무언가 의도가 있어서입니다. 그러니 가능한 한 참석하고 있습니다."

실제로 그런 만남이나 대화를 통해 일이 성사될 때가 많다고 합니다. 일본인으로서 드물게 실리콘밸리에서 벤처기업을 일으킨 사람도 이렇게 말합니다.

"이곳에서는 우연한 만남이 비즈니스로 발전할 때가 굉장히 빈번합니다. 사람이건 상황이건 일본과는 비교도 되지 않을 만큼 변동이 거셉니다. 우수한 프로그래머나 사람을 채용하기 위해서도 만남은 중요하며 한편으로는 바닥이 좁기도 하여 톱 멤버의 동향이나 어느 분야가 열기를 띠고 있는지 우수한 사람과 어울리다 보면 자연스럽게 알게 됩니다. 물론 따라가려면 발바닥에 불이 날 정도로 뛰어야 하지만요."

—
관심은 오직 현재와 미래

성공한 사람이 커뮤니케이션을 위해 지키는 규칙 중 다른 하나는 과거의 실적을 자랑하듯 늘어놓지 않는 것입니다. "당시에는 필사적으로 매달렸으니까 별로 기억나지도 않아요", "실패담은 얼마든지 있는데요(웃음)" 등과 같은 답변이 많았던 것도 인상적입니다. 모두 과거의 성공 경험에 관해서는 기본적으로 노출하기를 꺼렸습니다.

이것은 겸손이나 계산이 아니라 정말 기억이 희미해졌거나 적극적으로 이야기할 마음이 없어서입니다. 성공한 사람은 현재와 미래를 바라보고 달리기 때문에 과거에 집착하지 않으니까요.

어떤 경영자는 "그저 단순히 너무 바빠서가 아닐까요. 금방 잊어버려요"라고 했고 어느 외국계 컨설턴트 회사의 파트너는 "여기까지 올라오느라 정말 고생했기에 별로 기억하고 싶지 않습니다(웃음)"라고 말합니다.

베테랑 경영자는 이런 의견도 내놓았습니다.

"내가 일하던 때와 지금은 시대도 다르고 나와 같은 고생을 젊은 사람이 감당할 수 있을지도 모르고요. 또 같은 고생을 시키고 싶지도 않습니다. 그러니 될 수 있으면 과거의 일은 말하지 않으려고 합니다."

이처럼 이유는 가지각색이지만 과거 이야기를 의식적으로 하지 않으려 합니다.

반대로 성공한 사람들이 말하고 싶어 하는 내용은, 지금 이런 일을 하고 있습니다, 앞으로 이것을 하고 싶습니다, 같은 미래를 향한 주제입니다. 이야기를 꺼낼 때 열정과 기쁨으로 가득 찬 표정은 보는 사람까지 덩달아 기대감에 부풀게 합니다.

성공한 사람에게 인생의 절정기는 과거가 아니라 미래에 있습니다.

♛
자기 힘으로 상위 1%가 되는 비결

스스로 성공한 사람은 성공을 이야기하지 않는다.
인생의 절정은 아직 오지 않은 '미래'에 있다고
믿기 때문이다.

네 번째
계단

운

운을 중요하게 여긴다

자기 힘으로 상위 1%가 된 사람에게 "일이 잘 풀린 이유가 무엇이라고 생각합니까?"라고 질문하면 열에 아홉은 "운이 좋았습니다"라고 대답합니다. 그들이 오른 네 번째 계단은 '운'입니다.

운에 대해 말하는 그들의 자세는 겸손함으로 가득합니다. 노력했으니까, 와 같은 말을 하는 사람은 없으며 "제가 운이 좋아서요", "사람을 잘 만났습니다", "타이밍이 맞아떨어졌지요" 등 각자 표현 방식은 달라도 결론적으로는 운이 좋았다는 뜻을 비칩니다. 인터뷰를 통해 얻은 가장 예상 밖의 대답이었습니다. 성공한 사람들은 운에 대해서도 독특한 (그리고 중요한 부분이 닮은) 생각이나 습관이 있다는 말입니다. 어떤 성공 경험도 모두 자신의 실력이라 자만하지 않는 것, 기본적으로 이런 마인드가 있기에 성공한 사람은 겸손할 수 있습니다.

이렇게 생각하게 된 원인은 무엇일까요?

미국에서 활약하는 스탠드업 코미디언이 있습니다. 처음에는 프로듀서를 꿈꾸며 미국으로 건너갔으나, 여러 해를 거쳐도 결실을 보지 못했습니다. 앞으로 어떻게 해야 하나, 하고 실의에 빠져 거리를 어슬렁거리다가 우연히 코미디 레슨 간판이 눈에 들어왔습니다. 문화센터 정도를 떠올리면 이해가 쉽습니다. 그는 이 클래스에 호기심이 생겨 수강했고 수업 중에 연습 삼아 짤막한 우스갯소리를 했더니 교실이 떠나갈 정도로 웃음바다가 되었습니다. 그 순간, '이게 두 번째 기회일지도 몰라' 하는 생각이 번쩍 들었고 코미디언의 길로 들어서게 되었습니다. 서른을 코앞에 둔 시점이었습니다. 그 후에는 모든 일이 순조롭게 풀리겠지 했는데 아니었습니다. "처음의 폭소는 온데간데없고 관객들 반응이 싸늘하더라니까요(웃음)." 그래도 몇 년 동안 포기하지 않고 훈련하다 보니 예능감이 생겨서 미국에서 유명한 텔레비전 프로그램에 출연하기까지 했습니다.

다들 어떻게 그렇게 되었는지 신기해했으며, 운이라고밖에 표현하기 힘든 일이었습니다.

물론 성공한 이들이 아름다운 경험만 한 것은 아닙니다. '버리는 신이 있으면 거두는 신도 있다'는 말이 나올 정도로 고통스러운 일도 종종 있습니다.

20대를 오롯이 바쳐 벤처 기업에서 밤낮없이 일했다는 사람은 회사에서 수치를 다루는 일을 대부분 담당했고 회사 대표에게 기대도 한 몸에 받았습니다. 그런데 어느 날 아침, 갑자기 몸이 말을 듣지 않았고 회사에 나가지 못할 거라는 것을 직감했습니다. 그는 병원에서 진료를 받은 후 회사에 한 달간 요양 신청을 냅니다. 요양 중에 회사를 그만두어야겠다고 결심했는데, 실은 장기요양 신청서를 제출한 날 발령 공고문이 붙었음을 나중에서야 전해 들었습니다. 만에 하나 승진했다면 회사를 그만둘 엄두를 못 냈을 거라고요.

이처럼 성공한 사람은 좋건 나쁘건 여러 가지 경험을 거쳤고 그런 경험들을 받아들이며 결론적으로 운이 좋았다고 말하는 것입니다.

여기서 한 가지 중요한 점은, 성공한 사람은 운이라는 개념을 소중히 여기지만, 운이 모든 것을 좌우한다고 생각하지는 않는다는 것입니다. 운에 맡기고 신앙에 의지하는 것이 아니라 스스로 할 수 있는 일은 해두고 성공의 열쇠를 쥔 결정적인 순간에 운에 맡긴다는 의미입니다. '진인사대천명(盡人事待天命, 할 수 있는 일은 모두 한 다음에 천명을 기다린다)'을 따르며 모든 준비를 마친 후 결과는 신만이 안다는 것이지요. 그래야 비로소 운에 대한 자기만의 가치관이나 습관을 갖게 됩니다.

운을 끌어당겨라

자기 힘으로 성공한 사람은 행동도 인간관계도 올곧아서 이야기를 듣고 있으면 선을 뚜렷하게 긋는 사람이 많습니다. 그럼에도 때때로 함축적인 발언을 하는 때가 있습니다.

"지금처럼 성공한 요인이 어디에 있습니까?"라는 질문을 했을 때입니다.

대부분 어쩌다가, 우연히, 운이 좋았을 뿐이라는 답이 돌아옵니다. 의아해서 답변의 취지를 유추하다 보니 우연이나 운이라는 말에는 조금 복잡한 의미가 내포되었다는 것을 알았습니다. 여기에는 성공한 사람의 일 처리 과정이나 결과를 받아들이는 자세가

운   **105**

숨어 있습니다. 애초에 운, 우연이라는 답변은 본심일까요?

　이것은 틀림없이 본심입니다. 이들은 아무리 본인이 모든 것에 신경을 쓴다 해도 운이 개입할 만한 여지가 있다고 믿습니다. '성공해야 할 일이었기에 성공했다' 같은 발언이 100퍼센트 진실은 아니기에 우연이라고 하거나 운이 좋았을 뿐이라고 에둘러 말할 수밖에 없습니다.

　또 성공을 거두는 과정에서 운이 좋았다고 실감하는 사람이 많은 것도 사실입니다. 우연히 만난 사람에게 '이런 말을 들어서…', '이런 일을 맡았으니까…' 같은 상황이 계기가 된 경우도 많았습니다.

　그렇다고 성공한 사람이 종일 운을 상승시키기 위해서만 애쓰는 것은 아닙니다. 일상에서 할 수 있는 일은 전부 해놓고 계기나 마지막 결정적인 부분을 운에 맡깁니다. 그러니 운이 성공의 열쇠라 치부하면 곤란하다는 생각이 '운이 좋았다'는 말에 숨어 있습니다.

　'신에게 기도하면 만사형통이다' 같은 마음으로 일에 임하는 사람은 당연히 한 명도 없습니다. 한 가지 덧붙이고 싶은 말은, 운에 관해 말할 때 성공한 사람들의 말투입니다.

　절대로 "운이 전부라고 생각하면 안 돼요!"라는 식으로 격앙된 어조로 말하지 않습니다. "운이 전부라고 생각하면 곤란한데…(웃음)” 같은 느낌입니다.

그들이 가진 유연함과 겸허함, 그것이 아주 잘 드러나는 답변이

었습니다.

자기 힘으로 상위 1%가 되는 비결

할 수 있는 모든 일을 한 후 마지막 결과는 운에 맡긴다.
운을 믿으면 운을 끌어당기는 행위를 하게 마련이다.

준비와 결단 그리고 운

성공은 단순히 노력만으로 되지 않는다는 것을 우리는 살면서 자연스럽게 깨닫습니다. 똑같이 일해도 누구는 성과를 내고 승진을 하지만 그렇지 못한 사람이 다수입니다. 그렇다고 운에 전적으로 기대서는 어떤 결과도 얻을 수 없습니다. 운에 맡기기 전에 준비와 결단은 필수입니다.

성공한 사람은 일이나 인생에서 운이라는 개념을 중요하게 생각하지만 운보다도 철저한 준비와 결단을 더욱 중요하게 여깁니다. 여기에 운이라는 세 번째 요소가 더해지면 비로소 성공 신화가 탄생한다고 믿습니다.

모험은 하더라도 무모한 도전은 하지 않는다

사업, 운동, 연구, 예술 등 어떤 분야에서건 성공한 사람은 준비를 철저히 한 후에 경기에 도전합니다.

사업이라면 테스트모니얼 마케팅(소비자에게 제품을 사용하게 한 후 공감을 이끌어내는 마케팅 기법-옮긴이)이나 리서치, 운동이나 음악이라면 본무대를 가상한 실전 연습, 요리라면 메뉴 결정이나 재료 준비, 이런 식으로 어느 업종이건 성공한 사람일수록 정성스럽게 준비합니다. 마지막까지 승률을 높이기 위해서 시행착오를 거듭하다 본무대를 맞습니다. 주사위를 던져 나온 결과로 승부를 거는 일은 절대로 하지 않습니다.

어느 프로 테니스 선수에게 프로와 아마추어의 가장 큰 차이가 뭐냐고 물었더니 공을 맞는 방법이라고 알려주었습니다. 공을 맞는 방법이란 공을 치기 직전의 동작을 말합니다. 프로는 재빨리 발을 움직여 바로 공을 받아칠 수 있도록 준비 태세를 갖춥니다. 그 동작이 아마추어와는 비교도 되지 않을 정도로 정확합니다. 아슬아슬한 순간까지 경기를 반복하는 프로선수이기에 매 순간 사전 준비를 한다는 뜻입니다.

그 밖에 영상편집 종사자라면 '마감 기한까지 수차례 편집한다', 작가라면 '열 번, 스무 번, 외울 수 있을 정도로 다시 읽는다'

운

등 반복 작업이나 세세한 확인을 빠트리지 않으며, 절대로 '이거면 됐어' 하고 마음을 놓지 않습니다. 이상을 추구하는 집념도 준비와 관련이 있습니다.

이런 면밀한 준비를 가능하게 하는 것이 결단입니다.

성공한 사람들은, 작은 성공에 머무르지 않고 크게 성공하려면 과감한 도전, 도전하기 위한 명석한 판단, 방대한 준비가 필요하다고 말합니다.

기술혁신 경쟁이 치열한 IT 분야에서는 새로운 서비스를 만들기 위해 늘 3년 후를 예측하지 않으면 안 된다고 합니다. 그러나 모두 똑같이 3년 후의 세상을 내다보고 새로운 서비스 공개를 목표로 하므로 서비스가 중복되는 경우도 있습니다(일찍 내놓는 사람이 승!). 지난한 어려움을 극복했다고 해도 100가지를 공개해서 하나가 뜬다면 부를 얻는, 그런 세계라고 합니다. 그들 안에서 살아남기 위해서는 '이것은 가능성이 보인다!'는 결단력이 없으면 행동력도 떨어집니다. 누구보다 발 빠르게 움직이고 팀을 꾸려 운영하는 것, 그 결단이 있기에 폭발적인 행동력을 끌어낼 수 있습니다.

단, 성공한 사람들을 보면 모험은 하더라도 무모한 도전은 하지 않습니다.

무모하다는 우려의 목소리가 나오는 도전에도 승산을 높이기 위한 계획이나 대책이 숨어 있습니다. 만일 실패했다고 해도 보완할 수 있는 범위 내에서 위험을 분산합니다.

예를 들면 이런 경우입니다.

점포를 운영하는 사람이 내장과 외관에 독자적인 고집을 넣어 사업 신조로 정해놓았습니다. 완전히 리폼해서 이상적인 가게를 만들어가는 스타일입니다. 그러나 2008년 글로벌 금융 위기로 자금 회수에 곤란을 겪었고 도산 직전까지 내몰렸습니다. 이때 얻은 교훈을 바탕으로 전략을 바꾸었습니다. 리폼이 아니라 끼워 팔기(내장을 이전 계약자가 사용한 상태로 남겨두는 상태)의 물건을 빌려 그곳을 이상에 가깝게 수정만 한다는 대안을 접목했더니 경영은 상당히 안정을 되찾았습니다. 혹여 실패해도 만회할 수 있는 범위 내에서 위험을 분산해두는 사람이 많았습니다.

—

사람을 움직여 하늘의 뜻을 기다리다

성공한 사람은 준비와 결단, 그리고 운을 중요하게 여기지만, 인터뷰하는 도중에 기적이라고밖에 설명할 수 없는 에피소드를 몇 가지 들었습니다.

그 가운데에서도 격투기 선수의 이야기가 인상적이었습니다.

격투기 선수인 B씨는 지명도가 거의 없던 시절에 트레이너가

—

인생은 불안정한 항해다.

—

윌리엄 셰익스피어

목표를 물었을 때 연말 격투기 시합에서 C씨(당시 최고 선수)와 싸워 이기고 싶다는 말을 했습니다. 생각을 입 밖으로 내놓으니 단숨에 이미지가 떠올랐고, 실제로 시합을 상정한 트레이닝을 시작했습니다. 때는 6월이었습니다. 드디어 연말이 다가왔고 우수 선수 C씨의 대전 상대가 결정되었지만, 상대는 다른 선수였습니다. B씨에게는 다른 시합의 의뢰조차 없었습니다.

반드시 기적이 일어나리라 믿은 B씨는 합숙까지 하면서 컨디션을 조절했습니다. 놀랍게도 시합 직전에 C씨의 대전 상대가 시합 참가를 취소했고 B씨에게 시합 의뢰가 들어왔습니다. 그리고 당시 무명에 가까웠던 B씨는 관중을 압도하며 승리를 거머쥐었습니다. 이것을 계기로 일약 최고 선수로 명성을 끌어올렸습니다.

성공한 사람은 위험을 분산할 수 있는 범위에서 도전한다고 했는데, 이 격투기 선수의 경우에는 '잃을 것은 아무것도 없으니까'라는 투지로 부딪친 결과 커다란 운을 끌어온 것입니다. 상당히 특수한 사례이므로 과연 이런 방식이 옳은지 또 그런 일이 일어날 수 있는지 모르겠으나, 성공한 사람은 거의 이런 기적적인 에피소드가 있습니다.

반드시 잘될 것이라는 굳은 믿음, 철저한 준비와 집념이 상황을 바꾸고 결정적인 기회를 불러옵니다. 성공한 사람은 그런 체험을 했기에 운과 준비, 결단을 중요하게 여깁니다. 실로 '사람을 움직여 천명(天命)을 기다린다'는 말 그대로의 상황까지 몰고 가는 것입니다. 성공한 사람은 그런 자세로 일에 임합니다.

👑
자기 힘으로 상위 1%가 되는 비결

성공을 믿고 철저하게 준비하면
기적 같은 일이 일어난다.
스스로 성공한 사람들이
언제든 준비를 철저히 하는 이유다.

운이 좋은 사람과 어울린다

성공한 사람은 운을 중요하게 여긴다고 하는데, 운이란 대체 무엇이며, 어떻게 생기는 것일까요? 해석 방식에도 흥미로운 공통점이 보였습니다.

원래 운이란 크게 2가지로 나눌 수 있습니다.

하나는, 개인의 범주를 초월한 대운. 예를 들면 자연재해나 리먼사태와 같은 금융 위기 등 사회를 뒤흔들 만큼 규모가 큰 것입니다.

다른 하나는 개인이 타고난 운입니다.

대운에 대해서는 (미리 알고 막을 수 있다면 막겠지만) 발생하는 것을 막을 도리가 없다는 자세가 강합니다. 한편 개인이 타고난 운은 어떻게 행동하느냐에 따라 바꿀 수 있다고 믿고 주체적으로 정면승부를 겨루는 사람이 대부분입니다.

주체적인 정면승부란 구체적으로 어떤 방법일까요?

"운을 상승시키기 위해 특별히 하는 게 있습니까?" 하고 물으니, 놀랍게도 열 명 중 여덟 명은 "운이 좋은 사람과 어울립니다" 라는 답변을 했습니다.

"나는 운이란 사람이 끌어다준다고 믿기 때문에 상대에게 운을 전한다는 기분으로 하루를 보냅니다. 그렇게 하면 나를 응원해주는 사람이 늘고 운의 총량이 늘어나는 것 같지 않나요?(웃음)"

"운이 상승하는지는 모르겠지만, 운이 좋아 보이는 사람이 있잖아요? 그런 사람과 함께 있으면 적어도 운이 내려가는 일은 없을 것 같기도 하고, 무엇보다 마음이 편합니다."

세세한 생각의 차이는 있으나 운이 좋은 사람, 운이 좋아 보이는 사람과 행동한다는 사실에는 이견이 없었습니다.

운이 좋은 사람이란,

- 표정이나 말투, 분위기가 밝은 사람.
- 착실하게 노력하고 그 노력을 보상받는 사람.

이런 특징을 갖고 있다고 합니다. 이는 지금까지 서술한 성공한 사람의 특징이기도 합니다. 인간으로서 눈부신 가치를 드러내고 왠지 끌리는 사람들이 운이 좋은 사람에 가까운 듯합니다.

내가 근무하는 대학교에서도 감사한 마음을 표현하는 학생, 감사 편지나 이메일을 쓰는 학생, 사람과 접촉할 때 미소 짓는 학생은 큰 기회를 얻습니다. 자연스레 응원하고 싶어지므로 필연적으로 기회가 많이 주어집니다.

스스로 성공한 사람들은 그런 사람을 보다 냉철한 눈으로 고르며, 남에게 선택받을 수 있도록 갈고닦기를 게을리하지 않기에 보다 나은 환경을 만났는지도 모릅니다.

♛
자기 힘으로 상위 1%가 되는 비결

운이란 사람이 끌어다주는 것이기 때문에
운이 좋은 사람과 어울리다 보면
자연히 기회가 많이 생긴다.

절대 기회를 놓치지 않는다

'많은 사람이 성공하지 못하는 이유는 기회가 문을 두드릴 때 뒤뜰에 나가 네 잎 클로버를 찾기 때문이다' 하는 말이 있습니다. 눈앞의 기회를 놓친 후에 그것이 기회였음을 깨달은들, 때는 이미 늦었습니다. 성공한 사람들은 인생의 모든 국면에서 기회를 잡습니다. 원래 운이 좋아서가 아니라 기회를 잡는 방법에도 독특한 행동지침이 있습니다. 기회를 기회로 인식하고 기회를 살리는 사람이 되려면 무엇이 필요할까요?

여러 답변을 정리하면 대체로 2가지 포인트가 나옵니다.

포인트 1. 막연한 목표를 여러 개 설정해둔다

최대 비결은 막연하게 미래 목표를 설정하는 것입니다.

꽤나 추상적 표현입니다만, 자세하게 말하면 '분명하게 틀을 갖추지 않았지만 언젠가 이런 일을 하고 싶다는 이상'입니다. 결국 미래에 이렇게 되고 싶다거나 이런 일을 해보고 싶다는 것을 의식 한쪽에 둔다는 것입니다. 게다가 그 의식은 하나가 아닙니다. 몇 가지 목표를 저장해둡니다. 그렇게 함으로써 어쩌다 일이 생겼을 때 문득 '그러고 보니 그것과 연결될지도 모른다'는 생각이 불현듯 떠오르기 쉽습니다.

모 IT 관련 회사 경영자는 매일 10가지 신문을 읽습니다. "신문을 들여다보면 우리가 어디로 나아가고 있는지 보입니다"라면서 말이지요. 우리가 해야 할 사업, 회사가 향하고 있는 방향에 여러 힌트를 폭넓게 던져준다고 합니다. 세상에서 일어나는 일과 자신(회사)의 존재 가치를 결부시키기 위한 노력으로 보입니다.

포인트 2. 가만히 앉아서 기다리지 않는다

두 번째 포인트는 가만히 기다리기만 하는 것이 아니라 스스로

운

붙잡으러 가는 것입니다.

남에게 무언가 받기를 기다리지 말고 주체적으로 움직이는 것, 단순하지만 타석수를 늘림으로써 기회를 잡을 확률을 높이는 것입니다.

모 상장기업 창업자는 지금보다 여성이 사회에 진출하기 훨씬 어려웠던 30여 년 전 40대에 회사를 창업했습니다. 여성 기업은 커녕 여성이 이리저리 얼굴을 드러내며 일하는 것 자체가 드문 시대였기에 때로는 쓴소리도 들었다고 합니다. 이에 굴하지 않고 대기업에 끈질기게 접근할 수 있었던 것은 '가보자, 말해보자, 해보자'라는 마음가짐 덕분이었다고 합니다.

"나는 여자니까, 작은 회사니까… 이런 생각은 접어두고 우선 만나러 가서 이런 일을 하고 싶습니다, 하고 말해보고, 해보고, 실현되지 않으면 반성하면 되는 거예요." 실제로 그 마력으로 새로 시작한 어려운 분야임에도 불구하고 큰 계약을 여러 건 따냈습니다.

성공한 사람은 얼핏 정적으로 보이는 사람이라 할지라도 결정적 순간에는 행동하고 기회를 잡습니다.

—

위험은 자신이 무엇을 하는지 모르는 데서 온다.

—

워런 버핏

—
기회는 어디에나 숨어 있다

과연 기회란 무엇일까요?

일반적으로 기회라고 하면 '지금까지 어디에도 없던 상품이나 서비스가 떠올랐다', '들어가고 싶던 회사에서 중도 채용을 시작했다', '유명한 사람과 안면을 텄다', '몇억 엔이나 되는 상품 계약이 성사될 것 같다'와 같은 성과를 상상할지도 모르지만, 기회란 긍정적인 일만 말하는 것은 아닙니다. 사업상 큰 실패, 병이나 상처, 이혼 위기 등 부정적 사건도 기회로 전환될 수 있습니다. 기회란 자신의 존재 가치를 바꾸는 계기가 되기도 하며 성공한 사람은 그런 부정적 사건에서도 전환점을 만들어냅니다.

아프고 괴로운 경험을 기회로 생각하느냐, 실패로 생각하느냐? 성공한 사람의 이야기를 들어보면 그 과정을 극복함으로써 좀 더 긍정적인 기회를 만나고, 다음 단계로 올라설 수 있었다는 사람이 대단히 많습니다.

♔
자기 힘으로 상위 1%가 되는 비결

스스로 성공한 사람은 좋은 일에서도 나쁜 일에서도
기회를 발견하기 때문에 기회를 놓치지 않는다.

자기 힘으로 상위 1%가 되는
사람의 운과 관련된 행동

- 아침 일찍 일어난다. / 잠을 충분히 잔다. / 밤을 새우지 않는다.

- 직장과 집을 깨끗하게 정리 · 정돈한다. / 화장실을 청결하게 한다.

- 복장, 몸가짐을 깔끔하게 한다 (머리 모양도 포함). / 정기적으로 구두를
  손질하거나 구두를 닦으러 간다. / 구두 뒤축을 차지 않는다.

- 마음에 드는 아이템을 입는다. / 복장 중 한 곳에 좋아하는 한 가지
  색을 꼭 넣는다.

- 표현하는 말투에 주의한다. / 아랫사람에게도 정중하게 대한다. /
  가족이나 가까운 사람을 소중히 여긴다.

- 약속 장소에 여유를 두고 나간다.

- 실현하고 싶은 일, 하고 싶은 일은 말로 하거나 써본다.

- 정기적으로 몸을 관리한다 (마사지를 받는 등). / 불규칙한 생활을 피한
  다 (식사도 포함). / 살을 찌우지 않는다.

- 자주 연락한다 (이유를 만들어 자주 연락하면 기회가 늘어난다는 뜻).

- 운이 안 좋아 보이는 사람, 불평불만을 늘어놓는 사람과는 함께하
  지 않는다.

- 평정을 유지한다.

끈기

시행착오 속에서 새로운 가치를 발견한다

자기 힘으로 성공한 사람들은 각자의 영역에서 새로운 가치를 만들어냅니다. 그들은 업계나 사회에서 기존에 없던 대담한 아이디어와 행동으로 사업 방식을 바꾸거나 새로운 상품, 서비스를 만들어내기도 합니다. 이것만큼은 타고난 감각이나 재능이 있어야 하며 흉내 내고 싶어도 불가능한, 천재가 할 수 있는 일이라고 생각했는데 인터뷰할수록 '실은 그렇지 않을지도 모른다'는 생각이 강해졌습니다. 이야기를 듣다 보면 처음부터 업계의 룰을 깨고 천지가 개벽할 일을 해서 주목을 받자고 마음먹은 사람은 한 명도 없었습니다.

그들이 하는 일은 '혁신적 아이디어를 얼마나 효율적으로 생각해내는가' 같은 스마트한 방법이 아니라 훨씬 거칠고 단순한 시행착오를 무한 반복할 뿐이었습니다. 일을 하면서 '이렇게 하면 성공하지 않을까?'라는 가설을 세우고 그것이 실패하면 또 새로운 가설을 세워 실행하기를 반복합니다. 자기 반성은 물론 선배나 상사, 고객에게 피드백을 받아 개선에 개선을 거듭합니다. 이를 수십, 수백 번 반복하면서 보다 위로, 훨씬 높은 곳을 향해 노력한 결과, 마지막에는 저절로 새로운 가치에 도달하는 경우가 대부분이었습니다. 즉 '끈기'가 그들이 모두 거쳐갔던 다섯 번째 계단이었습니다.

의도적으로 틀을 부수려고 한 게 아니라 계속하다 보니 결과적으로 기존의 룰을 무너뜨리고 새롭게 거듭난 상황을 맞은 것이었습니다.

어떻게 이런 결과가 나왔을까요?

가장 큰 이유는, 시행착오를 반복할수록 '뛰는 놈 위에 나는 놈 있다'는 진리를 깨닫기 때문입니다. 그러면 같은 장소에서 승부를 겨뤄도 이기지 못하므로 필연적으로 자신이 이길 수 있는 공간을 찾게 됩니다.

최근 단번에 학생들의 성적을 끌어올리는 데 성공한 학원 대표가 있었습니다. 그는 공부를 가르칠 목적이 아니라 학생들의 의지를 끄집어내는 데 특화된 교육을 전개했습니다. 유명 학원과 대결하려면 설비나 교재가 부족한데, 그 안에서 근본적으로 학생의 성적을 좌우하는 것은 무엇일지 고민하고 모색한 끝에 찾아낸 방법이라고 합니다.

새로운 가치라 하면 거창하게 들릴지도 모르지만 새로운 가치를 만들어낸다는 말은 꼭 무(無)에서 유(有)를 창출한다는 의미는 아닙니다. 오히려 세상에는 이미 모든 것이 갖추어져 있다는 전제에서 출발해 이것들을 더하고 곱해서 새로운 가치를 창출한다고 할 수 있습니다.

자신이 지닌 강점이나 자원을 원료로 시장의 요구와 자신이 하고 싶은 일을 버무리다 보니 어느 날 업계에서 '혁신가'라는 호칭을 얻었더라, 이런 공통된 경험이 성공한 사람들에게 있었습니다.

또 한편에서는 온고지신(溫故知新, 옛 것을 익히고 새 것을 안다)을 아로새기며 오랜 세월 길러온 기술을 보다 세련되게 갈고닦아서 제공하는 경우도 있습니다.

요리사들 사이에서는 프랑스 요리건 일본 요리건 궁극의 달인일수록 이들이 만드는 음식은 심플해진다고 말합니다. 화려함이나 개성을 추구하는 것이 아니라 식자재 본연의 맛이나 식감을 살리기 위해 불필요한 양념을 치지 않는 것입니다. 그렇다고 그저 단순하기만 한 것이 아니라 만든 사람의 특징을 분명하게 전달할 수 있도록 독창적인 요리로 변신시키는, 그런 경지입니다.

분야는 전혀 다르지만, 비슷한 이야기를 들었습니다.

20대라는 젊은 나이에 최우수 선수로 활약하는 프로레슬러는 새롭고 화려한 기술을 개발하는 것이 아니라 고전적 기술을 세련되게 연마해 오히려 단순화함으로써 관중을 매료시킨다고 합니다.

"극히 사소한 동작 차이로 기술 설득력은 바뀝니다. 그 미묘함을 발견하기가 쉽진 않지만, 어려운 일을 간단해 보이도록 하는 것이 진정한 전문가라고 생각합니다."

성공한 사람들에게 공통된 점은 새로운 가치를 끌어내는 원천으로 뛰어난 재능보다 시행착오를 멈추지 않는 인내력, 탐구심을 가졌다는 것입니다. 혁신적인 일을 하려면 시행착오를 멈추지 않는 것이 절대조건입니다.

끊임없이 시행착오를 반복한다

성공한 사람들은 기존의 틀을 부수고 새로운 가치를 만들어냅니다. 해당 업계나 세상에서 당연하다고 믿는 사실을 완전히 뒤엎는 가치관으로 상품이나 서비스를 제공해 성공합니다. 객관적으로 보기에는 그것이 천재적인 번뜩임이며 평범한 사람은 거의 흉내조차 내기 힘든 일처럼 보입니다. 그러나 실제로 뚜껑을 열어보면 다릅니다. 뭔가를 시도했을 때 성공하는 경우도 많지만, 그보다 몇 배 더 실패한 경우가 많습니다. 애초에 타석수가 많은 것이지요. 기존의 규칙을 깨부수는 천재적인 번뜩임이 타고난 재능일 거라 생각하지만 시행착오를 무수히 반복하면서 얻어낸 결과입니다.

지적장애인을 고용해 화제가 된 브랜드 경영자(D씨)가 있습니다. D씨가 운영하는 회사는 전 직원 중 70퍼센트를 능가하는 지적장애인이 주요 인력으로 활약하고 있습니다.

이 회사의 지적장애인 고용은 우연에서 시작되었습니다.

어느 날 특수학교 선생님이 D씨에게 찾아와 지적장애인 학생들을 취직시켜줄 것을 제안했습니다. 이 부탁을 받고 D씨는 기간을 정해놓고 학생 두 명을 인턴사원으로 채용했습니다. 고용된 학생들은 열심히 일했고 이 모습을 지켜본 다른 직원들이 '우리가 협력할 테니 이 둘을 사원으로 채용해달라'고 탄원했습니다. 전례 없는 일이었기에 D씨는 상당히 고민했지만, 결과적으로 두 명은 정직원이 되었습니다. 여기에서 세계적으로도 전례가 없는 시도가 시작됩니다. 글자나 수치를 인식하기 어려운 직원을 위해 색으로 구별해 계량 작업을 하는 등 생산라인 곳곳에서 개선을 거듭했고 장애인이 주 인력이 되는 공장을 완성했습니다.

그 밖에도 모 대기업에서 활약한 엔지니어는 논문이나 신문 등에서 새로운 기술을 발견하면 그 기업이나 대학교, 연구기관에 즉시 약속을 잡고 만나러 갑니다. 자사에서 효용 가치가 있는 기술이라 판단되면 직접 모델상품을 만들어 사업부에 영업을 합니다. 그는 이런저런 방법으로 설득을 시도한 끝에 다수의 히트상품을 탄생시켰습니다.

또 미국의 IT 관련 대기업에서 근무하는 마케터는 20대의 젊은 나이로 시장에서의 테스트 결과가 모든 것이라는 엄격한 환경 속에서도 PDCA(Plan Do Check Action, 계획→실천→확인→조치를 반복해서 실행하여 목표를 달성하는 데 사용하는 기법-옮긴이)를 빠르게 활용하여 대활약하고 있습니다.

이렇듯 성공한 사람들에게 공통으로 나타나는 특징은 순간순간 번뜩이는 천재적인 아이디어보다는 돌파구를 발견할 때까지 시행착오를 멈추지 않는 에너지입니다. 이거다, 하고 정한 일에는 끈질기게 매달리며 포기할 줄 모릅니다. 그 에너지는 소용돌이에 비유할 수 있습니다. 주위 사람을 차례차례 안으로 빨아들임으로써 보잘것없던 프로젝트가 점점 거대해지고, 종국에는 예기치 못한 대성공을 거둡니다. 그런 경험을 하는 사람이 많습니다. 이 예기치 못했다는 점이 하나의 포인트이며 성공한 사람이 허세 부리지 않는 이유인지도 모릅니다. 일이 잘 풀릴 것이라 예측은 했지만, 설마 성공을 거둘 줄은 몰랐다며, 일대 붐을 일으킨 상품이나 서비스 개발자는 입을 모아 말합니다.

성공하기 위해 시작한 일이었다 할지라도 정신을 차리니 통제 범위를 벗어났다, 어떻게 성공했는지 분석도 할 수 없고 설명도 불가능하다, 어느 정도 노하우를 보여줄 수 있지만 100퍼센트 재현하기는 어렵다, 그런 자세를 보이는 사람이 많습니다. 성공을 온전히 자기만의 공으로 내세우지 않습니다. 그렇기에 늘 새로운 시행착오를 거듭할 수 있는 것입니다. 이런 자세로 일과 인생을 대하는 사람은 상승하고 하강하는 작은 굴곡은 있어도 결과적으로는 어느 시대에나 활약을 합니다.

👑
자기 힘으로 상위 1%가 되는 비결

수없이 실패하라.
수십 번, 수백 번 시행착오를 겪다보면
확실히 정밀도가 높아진다.

주어진 대로 살지 않는다

시대를 바꿀 만한 아이디어라 하면 자신과는 거리가 먼 딴 세상 이야기라 느끼게 마련입니다. 인터뷰한 이들은 하나같이 혁신 아이디어는 사실 가까이에 숨어 있다고 말합니다.

수많은 회사를 일으킨 창업 컨설턴트는 "인간의 사고 범위는 이미 세상에 존재하는 것뿐이라고 여기는 게 편합니다. 그래도 히트하지 못한 데는 이유가 있습니다. 그 이유를 찾아내서 가치를 역전시킬 방법을 고민해야 합니다. 그래도 안 되면 깔끔하게 포기합니다. 버린 것은 어느 순간 다른 것과 다시 이어질 수 있어서 어떤 것도 무의미한 것은 없습니다"라고 말합니다.

끈기

같은 작업을 반복하다 보면 아이디어가 쓸모 있을지 파묻힐지 판단할 수 있는 경지에 이르며 더욱 세련되어진다고 합니다. 제로에서 1을 만들어내는 억지스러운 고집을 부리는 게 아니라 기존의 것에 관심을 집중함으로써 역발상이 탄생한다고 합니다.

듣고 보면, 파일럿(PILOT) 사에서 개발한 지울 수 있는 필기구 시리즈 프릭션, 화면을 터치해서 조작하는 스마트폰, 숙박 공유 서비스 Airbnb(에어비앤비) 등, 상식을 깨트렸다고 일컬어지는 상품이나 서비스도 완전히 새로운 발명 상품은 아닙니다. 이미 세상에 존재하는 것을 기본으로 조합하거나 짜 맞추어 독자성을 갖춘 상품으로 재창조한 것입니다. 성공한 사람은 그런 식으로 일을 기획합니다.

도쿄에 위치한 어느 '서서 먹는 고깃집'은 열 명이 겨우 들어갈 작은 공간에, 고기를 구워 먹는 화로는 두 개뿐이고 주력 상품인 음료는 니혼슈(日本酒) 하나뿐인 곳입니다. 이렇듯 특별한 스타일 덕분에 가게는 '만남이 있는 고깃집'으로 유명세를 탔으며, 나중에는 단골손님들만 다닐 수 있는 곳으로 만들고 싶어 합니다.

주인이 이런 가게를 만든 이유는 무엇일까요?

그 가게의 주인은 과거에 프로복서였습니다. 요식업을 시작하겠다고 마음먹기는 했으나 요리에 관해서는 아마추어였고 창업 자금도 적었다고 합니다. 그 상황을 이용할 수 있는 아이디어를

다섯 번째 계단

짜내다가 '만남이 있는 고기 구이집'에 이르렀다고 합니다. 오로지 고기만 구워 먹는 곳이라면 요리 기술도 필요 없고 고기를 손질할 수 있는 조리 공간만 있으면 충분합니다. 또 가게가 좁으니까 중간에서 소개만 해주면 고객끼리 자연스레 소통할 수 있습니다. 개점 당시에는 가게 안에 제빙기가 없어서 하이볼이나 칵테일 음료를 제공할 수 없었습니다. 그렇다면 니혼슈로만 승부를 보자고 생각한 것입니다(지금은 술 종류가 늘었습니다). 약점을 강점으로 바꾼 실로 역전의 아이디어입니다.

어떤 부동산회사에서는 물건을 바로 소개하지 않습니다. 우선은 고객의 이야기를 자세하게 듣고 고객의 일상을 시나리오로 만듭니다. 자기 회사에서 보유한 물건 중에 시나리오에 부합하는 것이 있으면 영업을 개시합니다. 때에 따라서는 고객이 마음에 들어 하는 물건이 있다 하더라도 그 물건과 궁합이 맞지 않으면 포기하도록 분명히 의사를 전한다고 합니다. 부동산 카운셀러나 컨설턴트가 아닌가 싶지만, 이런 방식을 고집하는 덕에 '이 회사에서만 부동산을 매입하고 싶다'는 고객을 많이 확보하고 있습니다. 바야흐로 사용자가 인터넷으로 좋아하는 물건을 볼 수 있는 시대입니다. 프로 부동산업자로서의 눈썰미를 새로운 서비스로 전환한 예입니다.

이처럼 일 잘하는 사람은 부여받은 조건이나 환경, 세상에 존재하는 과제 등에 기본적으로 손을 대면서 시행착오를 반복하고 그 결과, 새로운 가치에 도달합니다. '이런 환경에서는 아무것도 못 한다', '이 조건으로는 불가능하다' 같은 핑계를 대지 않고 여러 각도에서 관찰하며 아이디어를 접목해 독자성을 개발합니다.

무슨 일이든 경계가 모호해진 작금의 시대, 무엇이 어디에서 연결될지는 알 수 없습니다. 성공한 사람은 그 점을 잘 알고 있기에 아무 의미 없는 대화나 일상적인 풍경 속에서도 일과 관련된 힌트를 찾아냅니다.

♔
자기 힘으로 상위 1%가 되는 비결

부여받은 조건이나 환경에서 혁명을 일으키려면
없는 것이 아니라 '눈앞에 보이는 것'에 주목해야 한다.

—

승리는 가장 끈기 있는 자에게 돌아간다.

—

나폴레옹 보나파르트

성공한 사람은 멀티태스킹에 능하다

성공한 사람은 늘 바쁘게 움직일 때가 많습니다. 여러 일을 동시에 끌어안고 있다거나 시간이 생기면 여러 곳을 답사하기도 하는 등 동시에 여러 일을 진행합니다.

회사를 여러 개 상장시킨 적이 있는 투자가는 늘 여러 종류의 비즈니스를 넘나듭니다. 분야가 무척이나 다양한데 최근에는 스마트폰, 인공지능, 가상화폐까지 다룹니다. 주위에 전문가가 포진해 있어 늘 최신 동향을 흡수할 수 있다는 점도 도움이 된다고 합니다.

흥미로운 점은 사업의 종류가 늘 일정 수로 유지된다는 것입니다. 늘 새로운 것을 접목하기 때문입니다. 이는 일정 확률로만 비즈니스를 꽃피울 수 있다는 것을 뼛속 깊이 인지하고 있어서라고 합니다.

자신의 사업과 관계없어 보이는 일이라도 재미있을 것 같으면 한쪽 발을 걸치면서 전국을 돌아다니는 사람이 있습니다. 단 5분 동안이라도 만나고 싶은 사람은 꼭 만나고야 마는, 공격적인 적극성으로 기회를 창출합니다.

도쿄에서 사회보험노무사(사노사)로 종사하면서 오키나와에서 북카페도 운영하는 사람이 있습니다. 고객사에 근무 방식을 개혁하라고 촉구할 뿐 아니라 자신의 일하는 방식도 개선하기 위해서 2가지 일을 병행한다고 합니다. 오키나와에 거주하는 주민들과 접촉하면서 얻은 신선한 깨달음이 사노사 업무에 도움을 준다고 합니다.

이처럼 동시 진행으로 일을 처리하는 방식은 비즈니스 업계에 국한된 이야기는 아닙니다. 작가 등 창조적 직업에서도 주된 일을 갖고 있으면서도 늘 새로운 테마를 찾아서 다양한 체험이나 실험을 한다고 합니다.

어느 작가는 어떤 체험이든 거부하지 않는다는 마음으로 유행하는 것, 관심 있던 것은 한번 시도해보고 왜 유행하는지, 어째서 즐거운지 (혹은 즐겁지 않은지) 분석해서 창작에 응용한다고 합니다.

연구자의 경우에도 몇 가지 연구를 동시에 진행하는 사람이 많습니다. DNA 분자구조에서 공동 개발자 중 한 명으로 알려진 제임스 듀이 왓슨(1962년 노벨생리학·의학상 수상) 박사는 동시에 다른 주제를 다루면서 여러 연구를 병행해 세기의 발견을 한 인물입니다.

이처럼 성공한 사람의 기본 자세는 동시 진행입니다.

물론 한 가지 일에 몰두하는 시간도 있으나, 평소 운전할 때 여러 바퀴를 동시에 굴리기를 습관화한다고 합니다. 동시에 여러 가지 활동을 하다 보면 일이 잘 풀리지 않아도 보완할 수 있게 위험 분산이 가능하며, 무엇보다 다른 영역에서 축적된 지식·체험이 생각지도 않았던 상승효과를 낼 때가 있습니다.

일에서 얻는 아이디어, 인연 등 동시에 작용해 서로에게 일으키는 시너지가 재미난 것이겠지요. 성공한 사람이 바쁜 이유입니다.

👑
자기 힘으로 상위 1%가 되는 비결

성공한 사람이 멀티태스킹에 능한 것은,
위험을 분산할 수 있으며, 아이디어나 지식,
사람과의 유대로 시너지를 일으킬 수 있어서다.

"맞바람은 당연히 불어온다"

도대체 성공한 사람은 왜 잘나간다는 소리를 들을까요? 주위 사람이 그렇게 평가하기 때문입니다.

일에서건 삶에서건 늘 지켜보는 타인이 존재합니다. 아무리 자신이 노력하고 선한 일을 한다고 자부해도 주위에서 어떻게 평가하느냐에 따라 일을 잘하고 못하고의 잣대가 달라지게 마련입니다. 누구나 이런 현실을 마주하고 있습니다.

성공한 사람은 흔들림 없는 자신의 기준이 있으면서도 동시에 타인의 평가에도 시선을 돌리고 현실적인 부분에서 절충안을 찾으면서 일합니다.

끈기

뭔가 시작하려 할 때 찬성뿐만 아니라 비판, 심지어 비난의 목소리도 들립니다. 이거다, 하고 기대한 것이 생각 외로 나쁜 반향을 일으키는 경우도 많습니다. 자신이 하는 일이 과연 올바른 길인가, 어디가 어긋난 것인가, 무엇이 부족한가…. 성공한 사람은 늘 생각합니다.

그럼 하는 일을 수정해야 할 때 어떻게 대응할까요?

성공한 사람들은 '맞바람은 당연히 불어온다'라고 생각합니다. 같은 방식으로 영원히 좋은 성과를 올리는 일은 없습니다. 세상이 끊임없이 변하고 있으니 나도 바뀌어야 합니다.

고객한테 불만사항을 듣거나 팀 안에서, 세상 사람들한테서 비판의 소리를 듣는 등 타인이 존재하는 한 피해갈 수 없는 문제임을 잘 압니다.

요컨대 성공한 사람들은 주위 사람들의 비판적인 시선을 당연하게 받아들입니다. 오히려 자신이 지금 시험대 위에 서 있다고 생각하며 의욕에 불을 지핍니다.

—

불만 속에 혁신의 씨앗이 있다

인간으로서 안 좋은 일은 봉인해버리고 싶은 마음이 간절하지만,

성공한 사람은 오히려 그것을 헤집어 어째서 그런 말을 하는지 흥미를 갖고 관찰합니다.

실제로 불만에서 새로운 상품의 아이디어가 탄생하는 경우도 있습니다.

어머니들이 마음 놓고 아이를 태울 만한 자전거가 없다는 불만을 토로한 끝에 새롭게 나온 상품이 있습니다. 고객의 요구에 반응한 기업이 있었던 것입니다. 기업에서는 고객의 목소리에 귀 기울여 전동 어시스트 자전거 개발에 착수했고 타이어 축을 작게 하여 중심을 낮추고 가볍게 만들었습니다. 유연하게 페달을 밟을 수 있는 모터를 달아 회전율도 높였습니다. 이런 개발 연구를 거듭해 대히트를 쳤습니다.

사람들의 불만을 한 건당 10엔에 구매해 그것을 정리해서 기업에 판매하는 독특한 기업도 등장했습니다. 성공한 사람은 사람들이 토로하는 불만 속에 이노베이션의 씨앗이 숨어 있다는 사실을 알고 있습니다.

어느 크리에이터는 이렇게 말합니다.

"아마존에 올라오는 리뷰는 모두 훑어봅니다. 단순히 남을 상처 주고자 하는 사람의 의견과 작품을 위하는 사람의 의견은 딱 보면 알거든요. 신랄한 비판이라 할지라도 애정이 담긴 의견은 참고합니다."

이처럼 비판에 웃고 우는 것이 아니라 본질적인 문제가 어디에 있는지 찾아내려 합니다. 그리고 어떤 방향으로 개선해야 좋은지, 어떻게 다음 상품에 활용할지, 필요한 것을 취사선택합니다.

—
신뢰를 얻기 위한 지름길은 없다

맞바람은 외부에서만 불어오는 것이 아니라 내부에서 발생하기도 합니다. 인터뷰를 하면서 2세대, 3세대 경영자들이 꽤 많다는 사실을 알았습니다.

업계 점유율 최상위를 달리는 기업을 물려받은 3세대 사장은 입사한 당시에 어디에도 발붙일 곳이 없었습니다. '3대 도련님'이라는 낙인이 찍혀 의사소통도 제대로 하지 못했습니다. 사내에서 처음으로 진행한 행사가 기간소프트(회계 등 업무처리 시스템) 설계였는데, 그 사장은 문과 출신이라 IT 개발 경험이 전무했습니다. 어떻게 하면 시스템을 사용하기 쉽게 만들지, 시간을 들여 사내 여러 부서 직원들에게 조금씩 접근하면서 소통을 꾀했습니다. 그 과정에서 서서히 주위의 시선이 바뀌었고 시스템을 완성할 무렵에는 직원들과 완전히 동화될 수 있었습니다.

다른 2세대 경영자는 영업을 하던 시기에 창업자에게서 다른 사원의 세 배에 달하는 할당량을 숙제로 받았다고 합니다. 차기 경영자로서 역량을 키우기 위해서 넘어야 할 혹독한 훈련이었던 겁니다.

또 다른 예로는 역시 입사 당시에는 사원에게서 냉담한 시선을 받았다가도 해외시장 개척이나 법무 강화 등 기존의 회사가 취약했던 분야를 솔선해 배우고 접목해 신뢰를 얻어낸 사람도 있습니다.

지금은 모두 뛰어난 기량을 선보이며 2세, 3세 경영자로서 회사를 끌어가고 있습니다.

성공한 사람들은 상황을 단번에 바꿀 수는 없지만 천천히 조금씩 끈기 있게 쌓아올리고 내 편을 늘려갑니다. 그곳에 마법과 같은 기적은 없습니다. 가시적으로 눈에 보이지는 않지만 하루하루 개선해나갑니다. 그러다 보면 인내력도 생기고 웬만한 어려움에는 무릎 꿇지 않는 강인함도 얻습니다.

👑
자기 힘으로 상위 1%가 되는 비결

주변의 불만에 귀를 기울여라.
타인의 시선이나 불만에는
성장이나 개선의 힌트가 숨어 있다.

—
멈추지 말고 한 가지 목표에 매진하라.
그것이 성공의 비결이다.
—

안나 파블로바

일의 가치를 나눠라

성공한 사람은 전달의 중요성을 이해합니다. 아무리 가치가 높은 일을 하고 있었다 해도 주위에서 그것을 이해해주지 않으면 비즈니스에 실패하고 단순한 자기만족으로 끝나버립니다. 자신이 하는 일에 많은 사람이 응답해주지 않으면 진정한 가치는 일어나지 못합니다. 그래서 필연적으로 전달의 중요성을 깨닫게 됩니다.

최고급 시계를 판매하는 수완 좋은 판매 대리점 직원이 있습니다. 이 사람이 판매하는 시계는 비싼 것은 1천만 엔 이상입니다. 고급차와 맞먹는 가격입니다.

"어떻게 해야 팔립니까?" 하고 물으니 그 시계가 갖고 있는 가치를 하나하나 진지하게 전한다고 답합니다. 유럽에서 수년 동안 사랑받은 브랜드라는 점, 그 브랜드의 의미, 탑재된 고도의 기술, 나아가서는 의료 등 다양한 첨단 기술과의 융합까지 설명합니다. 그렇게 정성을 들여 전할 때 비로소 시계에 진정한 가치가 깃든 다고 말합니다.

비단 상품이나 서비스만이 아니라 개인의 가치까지 전하는 사람이 있습니다.

외국계 보험회사에서 근무하는 한 사람은 이렇게 말합니다.

"그저 보험 상품을 파는 것이 아니라 한 사람의 인생을 지원하는 것입니다. 이것이 고객에게 제공하는 가치입니다. 실제로 보험 상품들은 별다른 차이가 없고 거기서 거기입니다. 무엇을 사는가 가 아니라 누구에게 사는가가 중요하다고 생각하는지라, 보험을 판매하면 끝나는 게 아니라 고객과 접점을 유지하면서 고객의 라이프 스타일이나 상황에 맞는 제안을 하는 것이죠. 영업과 고객이 라는 입장을 초월해야 진짜 가치가 살아난다고 믿습니다."

가치를 전하는 수단은 언어만이 아닙니다. 행동으로 그 가치를 전할 수도 있습니다.

3백 명 남짓 되는 직원을 둔 경영자는 전 직원과 소통하기 위해 다수의 사업소에 발이 부르트도록 다닙니다. 직원 한 명 한 명의 의견을 일일이 들으면서 그 직원이 어떤 역량을 발휘할 수 있는지 찾아낸다고 합니다.

이 사람을 인터뷰하면서, "나보다 사원을 생각하는 경영인은 그렇게 많지 않을 겁니다" 하고 웃으면서 뿌듯해하던 모습이 기억에 남습니다. 문화적으로 많은 말을 하지 않는 게 미덕일 수도 있지만, 선택의 폭이 무궁무진한 이 세상에는 말하지 않으면 전하지 못하는 가치도 종종 있습니다.

잘나가면서도 '말주변이 없어서'라고 겸손해하는 사람들도 자기 일의 가치를 설명할 때는 기쁨에 찬 표정으로 이야기합니다.

👑
자기 힘으로 상위 1%가 되는 비결

사람은 상호 전달함으로써
상품이나 서비스, 심지어 자신의 가치를 깨닫는다.

목적의식

★

불필요한 일은 하지 않는다

스스로 성공한 사람들이 오른 여섯 번째 계단은 뚜렷한 '목적의식'입니다. 그들은 독자적인 판단 기준을 갖고 있으며 특히 하지 않을 일을 분명하게 정해놓습니다. 부하에게 지시를 내리면 결과가 나올 때까지 간섭하지 않기, 작업에 집중하고 싶을 때는 약속 잡지 않기, 회식에는 참석하지만 2차까지 가지 않기 등 형태는 저마다 다양하지만, 대답할 때 절대 망설임이 없습니다.

그런 습관을 갖게 된 이유는 무엇일까요?

이유 중 하나는 뚜렷한 시간관념입니다. 시간은 유한하며 무엇보다 귀한 것입니다. 그 가치를 마음속 깊이 이해하고 있기에 무엇을 하고 싶은지, 혹은 하고 싶지 않은지 명확하게 판단할 수 있습니다.

이유는 그뿐만이 아닙니다. 그 사람의 신념과도 깊은 관계가 있습니다. 인터뷰하면서 인상적이었던 부분은, "나는 이 일(자기 일)밖에 못 해요" 하고 하나같이 같은 말을 했다는 점입니다. 무엇에 집중하고 어느 것을 버리는가, 이른바 선택과 집중을 철저하게 구분하고 자신의 가치나 일의 방향성을 분명하게 인식하고 있습니다. 강점과 약점을 스스로 파악하고 있는 것이지요.

그런 다음 '이런 사업에는 절대로 손대지 않겠다', '회사의 이념에 맞지 않는 일은 하지 않겠다', '이런 사람과는 손을 잡지 않는다'처럼 굳게 결심하면 철저하게 지킵니다.

유명한 미술관의 내장 공사를 책임졌던 한 인테리어 회사 대표는 회사 규모 확장을 최우선 목표로 삼지 않는다고 말합니다. 경영자로서 규모를 늘리고 싶은 욕구도 있겠으나, 그보다는 하나하나의 작업이 회사에 이로운가에 중점을 두고 일을 선택했습니다.

어떤 프로듀서는 프로그램을 제일선에서 지휘하면서도 그 밖에 2~3가지 사업을 동시에 진행하는 경영인이기도 합니다. 다양한 사람과 관계하면서 상품이나 서비스를 기획하고 있습니다.

"누구나 자신의 부족한 부분을 살리려고 하면 효과를 보기 힘들다고 생각합니다. 잘하지도 못하는 분야에서 아무리 발버둥 쳐보았자 보통 수준까지 올라가는 게 최선입니다. 그래서 나는 일을 할 때는 뚜렷한 장점을 가진 사람과 손을 잡습니다. 이 장점이란 반드시 전문 기술이 아니어도 좋습니다. 자료 하나를 취합하더라도 시장조사만 해서 완성한 사람과 그 일이 좋아서 어쩔 줄 모르는 사람은 같은 내용이라 해도 설득력에서 차이가 나거든요."

기본적으로 좋아하는 일을 하다 보면 필연적으로 재미있는 개성을 가진 사람들이 모여들고, 다른 곳에서는 찾아볼 수 없는 결과물이 탄생한다고 그는 말합니다.

이처럼 성공한 사람은 각자 미학이나 철학이라고도 할 만한 판단 기준이 있습니다. 지금은 무엇을 해야 하고, 하면 안 되는 일은 무엇인가, 라는 확고한 기준점이 있어서 흔들림 없이 일할 수 있습니다.

그런 판단의 기준이 되는 것은 무엇일까요? 그 배경이나 구체적인 지표에 대해서 지금부터 소개하겠습니다.

The 7 habits of the top

———— ★ ————

과거로 돌아가고 싶은가요?

성공한 사람은 자신이 정해놓은 판단 기준이 확고합니다. 특히 '하고 싶지 않은 일'에 관한 선 긋기가 분명하며 불필요하다고 판단한 일에는 일절 손을 내밀지 않습니다.

그것은 부정적인 동기가 아니라 인생을 걸고 하기로 한 일에 집중하기 위한 미래지향적 판단입니다.

이런 자세를 단적으로 드러내는 답변이 있습니다. "과거(학창시절 등)로 돌아가고 싶으세요?"라는 질문에, 성공한 사람들은 한결같이 "아니오"라고 대답합니다.

학창시절에 좀 더 놀았어야 했다거나 이런 공부를 해두어야 했다는 등의 말을 하지 않습니다. 오히려 "과거로 돌아간다면? 끔찍한 일이지" 같은 답변을 하는 사람이 많습니다. 이는 지금 상황에 어느 정도 만족한다는 뜻도 되지만, 두 번 다시 같은 고생을 하고 싶지 않다거나 과거처럼 인생을 보낼 자신이 없다는 말이기도 합니다.

그동안 겪은 좌절이나 성공 경험, 우연한 만남이 비약적으로 발전한 경험 등 이런 우연이 쌓이고 쌓여 커리어가 되었다고 믿기 때문입니다. 인생을 다시 산다고 해서 똑같은 기적이 다시 일어나리라는 보장이 없기 때문입니다.

한편으로는, 할 일은 모두 다 해보았기에 지금은 다른 분야에서 인생을 즐기고 싶다는 사람도 있습니다.

어느 대기업에서 사원 시절부터 필사적으로 일해 사장 자리에까지 올라간 사람이 40대 후반이라는 젊은 나이에 절에 들어갔습니다. 지금은 좌선지도나 강연회, 집필 활동을 하고 있습니다. 매우 온화한 사람으로, 독특한 세계관과 말씨가 사람을 매료시킵니다.

또 여러 점포를 운영해 성공한 치과의사는 50대에 병원을 다른 의사에게 양도하고 스스로 코칭이나 컨설턴트 회사를 만들었습니다. 두 사람 모두 이미 과하다 싶을 정도의 실적이나 사회적 지위를 갖고 있음에도 불구하고 새로운 도전을 하고 있습니다.

어떻게 이런 일이 가능할까요?

공통된 점은 역시 과거가 아니라 미래를 본다는 것입니다. 미래에 주안점을 두기에 과거에 못 다한 일에 집착할 필요가 없습니다. 기본적으로 이런 마인드 때문에 판단 기준을 명확하게 가질 수 있고, 비교 대상이 다른 사람이 아닌 바로 자기 자신이 됩니다. 자신이 결정한 잣대로 일과 인생을 바라볼 수 있습니다.

> ♕
> **자기 힘으로 상위 1%가 되는 비결**
> ──────────────────
> 스스로 성공한 사람은
> 과거로 돌아가고 싶다는 말을 하지 않는다.
> 과거에 하지 못한 일보다
> 앞으로 할 일을 생각하기 때문이다.

— ★ —

성공한 사람은 성공한 사람을 끌어당긴다

성공한 사람은 하지 말아야 할 일을 정해놓습니다. 그 사람의 인간관을 살펴보면 하지 말아야 할 일을 판단하는 기준이 잘 드러납니다.

인터뷰를 하면서 일 잘하는 사람의 주변에는 역시 일 잘하는 사람이 모인다는 것을 알았습니다. 성공한 사람이 교류하는 사람은 성공한 사람이며 상호 울타리를 넓혀가면서 새로운 관계나 일로 연결되는 기회를 늘립니다. 과연 성공한 사람은 어떤 사람을 성공했다고 판단하며 교류할까요?

먼저 "어떤 사람을 믿을 수 있을까요?"라는 질문을 해보았습니다. 다음과 같은 답변을 얻었습니다.

- 말과 행동이 같은 사람.

- 시간이나 일정, 약속을 지키는 사람.

- 누구에게나 예의 바르게 대하는 사람.

- 자기 일에 진지한 사람.

- 실패한 경우 남의 탓으로 돌리지 않고 변명하지 않는 사람.

- 경험이 풍부한 사람.

- 끊임없이 결과를 내놓는 사람.

또 "어떤 사람이 우수하다고 생각합니까?"라는 질문에는 다음과 같은 답변을 얻었습니다.

- 연락하면 답변이나 반응이 빠른 사람.

- 늘 준비된 사람.

- 기한 전에 중간 과정의 형태를 어느 정도 확인시켜주는 사람.

- 자기가 정한 무언가를 올곧게 관철하는 사람.

- 지위 등에 얽매이지 않고 타인을 폄하하지 않는 사람.

- 이야기를 재미있게 하고 활력을 주는 사람.

- 야망이 있는 사람.

대답은 다양했으나 커다란 공통점은 자기 책임 정신, 긍정적인 마인드, 빠른 행동력으로 압축됩니다. 이러한 요소를 살피면서 누구와 어울릴지 판단합니다.

—

말과 행동에 일관성이 있는가

첫째 요소인 자기 책임이란, 변명하지 않는다는 표현으로 대체할 수 있으며 어떤 결과가 나오더라도 그 책임은 모두 자신에게 있다는 것을 인정하는 자세입니다.

다른 사람이 실수했다고 해도 '이 사람에게 일을 맡긴 내 불찰이다'라고 생각하며, 반대로 결과가 만족스러울 때는 주위에 고마운 마음을 아낌없이 드러냅니다.

두 번째 요소인 긍정적인 마인드는 말과 행동, 표정이 긍정적이라는 뜻입니다. 불만이나 푸념이 아니라 미래에 대해 건설적인 이야기를 하고 싶고, 유한한 시간을 의미 있게 보내고 싶다는 생각입니다.

세 번째 요소가 행동 기준입니다. 그 사람이 어떤 가치관을 바탕으로 말하고 행동하는가를 의미합니다.

말이나 행동에서뿐 아니라 일 처리(성과)에도 잘 나타납니다. 크리에이터라면 작품이나 상품으로, 경영자라면 사업 내용에서 나타나겠지요.

20대에 인재 파견 회사를 창업한 사람은 "어느 회사, 어느 사람과 함께 일할지 판단할 때는 그 회사나 사람이 과거에 해온 일을 봅니다. 거기에서 무엇이건 느껴지는 바가 없으면 함께 일해도 공감하지 못하지요"라고 말합니다.

이는 자신과 다르면 나쁘고, 같으면 좋다는 말이 아닙니다. 다르다면 다른 대로 흡수하고, 같다면 같은 대로 의기투합하는 것입니다. 그 사람이 무엇을 중시하는지, 무엇을 아름답다 여기는지, 무엇에 주의하는지 살펴보는 것입니다. 일상에서 나타나는 말이나 행동, 실제 일하는 내용 사이에 일관성이 있는지가 중요합니다.

이번에 인터뷰를 하면서 이 가치관에 관한 내용은 지금 과도기에 있는 게 아닌가, 라는 인상을 받았습니다. '판매 실적이나 이익을 내기 위해 일이 존재한다'라는 획일적인 가치보다는 훨씬 유연한 자세가 필요해 보입니다. 이 과정에 숙제를 떠안고 허덕이는 사람이 있는가 하면 이미 시대 흐름에 맞추어 새로운 스타일을 적용한 사람도 있습니다. 이에 대해서는 마지막 장에서 자세하게 말하겠습니다.

품고 있는 가치관(삶의 자세나 일)을 공감하고 나누면
자기도 모르게 화학작용이 일어나
다른 성공한 사람을 끌어당긴다.

———— ★ ————

목표가 아닌 목적을 찾아라

흔히 목적의식을 가져야 한다고 말하는데 성공한 사람들은 어떤 목표를 갖고 있을까요?

"지금 어떤 목표를 갖고 있습니까?"라는 질문에 "올해는 ○○입니다"라든가 "당장은 □□를 하고 싶습니다" 등 일에서의 목표, 개인적 목표 등 개성만점의 다양한 의견을 주었습니다. 재미있는 점은 이렇게 목표를 늘어놓기는 해도 집착하지 않는다는 것입니다.

"회사원 시절에는, 부서 이동이 잦았기 때문에 올해에는 영업실적 1위를 따고야 말겠다, 이 기술을 마스터하겠다, 라는 목표를 정해놓고 좋건 싫건 무작정 덤벼보자는 주의였습니다. 물론 못하는 일도 많았지요(웃음). 하지만 신기하게도 하나둘씩 성과를 내기 시작하면서 싫어하던 일도 나름 매력적으로 보이더군요.

이렇듯 최선을 다하지만 결과가 나빠도 개의치 않으며, 상황이 바뀌면 그에 맞춰 목표를 다시 세우고 방향을 수정합니다.

—

목표보다 목적이 중요하다

성공한 사람 대부분은 목표가 아니라 목적을 중요하게 여기는 공통된 특징이 있습니다.

여기서 말하는 목적이란, '이런 생각을 실현하고 싶다', '이런 사람을 돕고 싶다', '이렇게 되고 싶다(혹은 되고 싶지 않다)'라는 희망이며, 심적인 충동·인간의 핵심과 같은 것입니다.

어느 경영자는 수치만 좇다보면 사원만 괴롭다고 말합니다. 물론 회사마다 판매 목표는 있습니다. 단지 회사가 지향하는 가치 실현(회사가 존재하는 목적)에 맞는 활동을 한 결과라면 목표를 달성하지 못했다고 해도 어쩔 수 없으며 모두 경영자 자신의 몫이다, 라는 자세입니다.

사람을 응원하는 일에 인생을 바친 사람도 있습니다. 이 사람은 '도하의 비극'(1994년 FIFA월드컵 본선 진출 티켓을 따내기 위해 1993년에 한국과 일본이 치른 예선전에서 치열한 순위권 경쟁을 벌였고, 그 결과 한국이 본선 진출권을 따냈다. 이를 일본에서는 '도하의 비극'이라 부른다-옮긴이)으로 막을 내린 1994년 FIFA 월드컵 진출을 위한 아시아 지역 최종예선에서 울면서 쓰러지는 자국 선수의 모습을 텔레비전에서 보고 "큰일났다, 응원해야 해!"라며 일본 대표 축구단의 서포터가 되었습니다. 응원을 위해 전 세계를 돌아다니면서 서포터 수를 계속 늘렸고 지금은 일본에서도 손꼽히는 서포터로 인정받고 있습니다. 최근에는 에티오피아나 네팔 등 빈곤국 지원 활동, 동북 피해 지역 지원 등 어려운 이웃을 돕는 활동에 매진하고 있습니다.

인터뷰를 통해 느낀 점은, 성공한 사람이 분명한 목적의식을 갖게 된 계기는 커리어 중반이나 후반부터인 경우가 많다는 것입니다. 20대부터 갖고 있는 사람은 극히 드물었으며, 모두 여러 경험을 하면서 그 경험 속에서 이런 사람이고 싶다, 이렇게 하고 싶다와 같은 목적을 만들어갔습니다. 게다가 목적은 계획적으로 세우는 것이 아니라 어느 날 문득 떠오른다고 합니다.

어느 상장기업 임원은 원래 대기업 광고 대리점에서 근무했는데 학창시절에 과외를 가르친 학생의 오빠로부터 "지인과 회사를 만들었는데, 같이 하실래요?"라는 제안을 받습니다. 그리고 이 사람은 멤버가 되기로 의기투합했고 대기업 광고 대리점을 퇴직한 후 벤처기업 마케팅 담당자로 입사합니다. 그 후 충분한 자금력이 없는 상황에서도 수많은 히트 광고를 만들고 회사가 상장되는 데 지대한 영향을 미친 인물이 되었습니다.

이처럼 생각지도 않던 사람과의 인연으로 새로운 무대를 시작하는 사람이 있는가 하면 세상이 깜짝 놀랄 상품이나 서비스를 만나 샐러리맨 생활을 청산하고 완전히 다른 업계에서 일하는 (창업하는) 경우도 있습니다.

—

목적은 계획해서 생기는 것이 아니다

한편, 이런 사람도 있습니다.

"책이나 텔레비전 프로그램에서 큰 꿈을 갖고 일하는 사람이 줄곧 부러웠습니다. 나도 꿈을 갖고 살아야 한다는 생각에 몇 가지를 떠올렸습니다만, 역시 어딘가 나사가 빠진 느낌이었습니다. 나는 꿈이 있는 사람과는 다른 부류인가, 하고 걱정했습니다."

이 사람은 상사에서 바쁘게 일하며 20대를 보냈고 30대가 되어 프리랜서로 전향했습니다. 20대에는 꿈이 없어 상심했다고 하지만, 최근에 이르러 자신의 강점과 약점, 하고 싶은 일과 하기 싫은 일의 기준을 명확하게 판단할 수 있게 되었습니다. 큰 꿈은 없어도 맡은 일 하나하나에 의의를 둘 수 있어서 이것도 인생의 성장

과정이구나, 싶어 즐기기로 했다고 합니다.

40대 경영자는 이런 의견도 주었습니다.

"젊을 때는 아무 생각이 없었는데, 이직도 하고 아이도 생기고, 그런 이벤트가 생길 때마다 가치관이 백팔십도 바뀌는 순간이 옵니다. 그러니 의지라는 것도 억지로 가지려고 애쓸 필요는 없는 것 같습니다."

이 사람 말대로 무엇을 위해 일하는가, 라는 목적을 너무 진지하게 고민하지 않는 게 정신건강에 나을지도 모르겠습니다. 큰 꿈을 가져야 한다는 생각을 버리고 흥미 있는 일은 무엇이든 하면 된다, 성공한 베테랑은 그렇게 말합니다. 나는 이번 인터뷰를 통해 목적이란 생각하는 것이 아니라 느끼는 것임을 깨달았습니다. 이거다! 하는 것을 만난 순간 머리보다 몸이 먼저 반응하며, 왠지 눈물이 나오는 그런 충격적인 감각·체험에 휩싸인다고 합니다.

선택의 폭이 넓고 정보가 넘쳐나는 현대사회에서 인생을 바치고 싶은 일을 만날 수 있다면 진정 행운이라고 생각합니다. 그런 목적을 만나기 위해서는 역시 하루하루를 충실하게 보내야겠지요.

어느 교육자는 이렇게 가르쳐주었습니다.

"평탄한 길과 굴곡진 길이 있을 때는 굴곡진 길을 골라 걷습니다. 어른이건 아이건 이 습관이 몸에 밴 사람은 어떤 길을 만나도 반드시 건너갈 수 있습니다."

이거다, 하는 목적을 발견한 사람은 모두 하나 이상의 고난을 극복하면서 시행착오를 겪었습니다. 시행착오 안에서 기회가 많아지고, 결국에는 인생의 가치를 변화시킬 수 있는 사건·만남을 이루어냅니다.

♕
자기 힘으로 상위 1%가 되는 비결

목표는 어디까지나 표면적일 뿐,
중요한 것은 목적임을 깨닫는다.

The 7 habits of the top

———— ★ ————

강한 의지는 어디서 오는가

성공한 사람은 일하는 방식이나 삶을 대하는 태도에서 두드러진 점이 있습니다. 바로 강한 의지입니다. 동기부여와 관련하여 사람을 세 유형으로 분류할 수 있습니다.

① 미래나 목적을 향해 스스로 시동을 거는 사람.
② 외부에서 자극이나 이유(=연료)를 받으면 시동이 걸리는 사람.
③ 무엇을 해도 좀처럼 시동이 걸리지 않는 사람.

—

멈추지만 않는다면,
얼마나 천천히 가는지는 문제가 되지 않느니라.

—

공자

자기 힘으로 성공한 사람은 대부분 ①의 경향을 띱니다. 어떻게 스스로 시동을 걸 수 있을까요?

이야기를 들어보면 그 요인은 눈높이가 높아서가 아닌가 싶습니다. 앞에서 언급했듯, 성공한 사람은 결코 현재에 만족하지 않습니다. 이런 일도 하고 싶고, 저런 일도 하고 싶어 하는 욕심쟁이입니다. 물론 좋은 의미에서 말이죠.

어느 회사 간부는 30대로 젊지만 임원 자리에 올라 비즈니스 스쿨에서 강의하며 다음 목표인 대학교수를 위해 이런저런 활동을 합니다. 또 최고 위치에서 은퇴한 전직 유도선수는 멘탈 트레이닝 프로그램을 개발해 여러 기업에 전수하고, 전국 초등학교를 돌며 아이들에게도 꿈을 심어주려고 강연을 펼칩니다.

회사나 업계에서 제일이라 평가받더라도 자기 지위를 과시하지 않고 내면적으로 훨씬 높은 목표를 추구합니다. 역시 경쟁 상대는 주위 환경이나 사람이 아니라 자신이며, 자기를 향한 기대치가 높아서입니다. '나는 아직 여기에 머물 놈이 아니야' 하고 마음속 깊이 믿고 있기에 새로운 목표나 새로운 무대를 향해 매진할 수 있습니다. 그러나 성공한 사람들이 처음부터 그렇게 자신만만하지는 않았습니다. 30대에 대기업을 그만두고 독립한 이벤트 프로듀서는 이렇게 말합니다.

"직장 생활할 때는 늘 불안했습니다. 아마 조직이라는 틀 안에

너무 갇혀 있었나 봅니다. 회사에서 기대하는 만큼 채울 수 있을까, 어떤 평가를 받을까, 그런 편협한 생각으로 일했던 것 같습니다. 하지만 독립해서 처음으로 일이 즐겁다고 느꼈습니다. 똑같이 수치를 좇으면서도 나를 움직이는 동기가 달라요."

이 사람은 달려온 환경에서 탈출함으로써 자신의 본심을 들여다볼 수 있었다고 합니다.

타인이 나를 어떻게 평가하는가와 별개로 내가 갖고 있는 기준이 무엇인지 깨달음으로써 단숨에 엔진에 기름칠을 할 수 있게 된 경우도 성공한 사람 중에 많았습니다.

♔

자기 힘으로 상위 1%가 되는 비결

스스로 의지를 일으킬 수 있는 것은
자기 자신에 대한 기대치가 있기 때문이다.

미련 없이 버릴 줄 알아야 채워진다

일 잘하는 사람은 깔끔하게 버립니다. 주변 정리를 잘한다는 말이 아닙니다. 일에서 얻은 영감 등이 안 통할 것 같다면 다시 생각하지 않고 과감히 버릴 수 있습니다. '모처럼 떠오른 아이디어인데', '시간과 돈을 너무 많이 썼어', '좀 더 기다려보면 이익이 날 수도…' 같은 아쉬움이 없는 것은 아니지만 그래도 미련 없이 포기합니다.

버리기, 포기하기를 주저하지 않는 이유는 크게 2가지입니다.

—
집착보다 떨쳐버리는 것이 효율적이다

첫째는 한 번에 정답이 나올 리 없음을 알고 있기 때문입니다.

일에는 계획이나 실력만이 아니라 시간적인 운도 필요합니다. 특히 큰 성과를 얻는 일에는 불확실한 요소도 따라 커집니다. 내부적으로는 완벽하다고 믿었어도 그것이 받아들여지지 않는 경우는 부지기수이지요. 최종적으로 가치가 있는지 없는지 결정하는 주체는 고객이다, 라고 전제하므로 하나의 아이디어에 집착하는 것보다 서둘러 다른 아이디어를 생산해내는 쪽이 효과적이라고 생각합니다.

실제로 성공한 사람들은 놀라운 양의 아이디어를 나날이 토해냅니다.

인터뷰 도중에도 "아, 미안합니다. 메모 좀 할게요. 좋은 생각이 떠올랐어요" 등 단순한 대화 속에서도 아이디어가 번뜩일 때마다 바로 적어놓습니다. 반면에 아이디어가 나와도 메모하지 않는 사람도 있습니다. "자고 일어나서 잊어버릴 정도의 아이디어라면 그것으로 끝이라 생각합니다." 메모를 하든 않든 그것은 개인의 성향 차이겠지만 성공한 사람들은 자신의 아이디어를 지나치게 높이 평가하지는 않습니다. 아이디어는 절대로 특별한 것이 아니라 일상에서 넘쳐나는 사소한 것에서 출발하며 일부 혹은 전부 수정할 곳이 생기게 마련임을 잘 알기 때문입니다.

버려야 새로운 것이 들어온다

깔끔하게 버릴 수 있는 또 한 가지 이유는, 버리지 않으면 새로운 것을 받아들일 수 없음을 알기 때문입니다. 현대사회에는 정보건 일하는 방식이건 속도가 중요합니다. 빠르게 성과를 내려면 우선순위를 정할 수밖에 없습니다. 이 일도 맡아두고, 저 일도 진행하면 시간도 자원도 부족해집니다. 버리지 않으면 새로운 일을 하지 못한다는 사실을 직감적·체험적으로 깨닫기라도 했는지, 한결같이 새로운 것을 집어넣기 위해 버린다고 말합니다.

"사실, 심호흡할 때 들이마시는 공기보다 토하는 공기가 중요합니다. 담았던 것을 모두 비워내지 않으면 신선한 공기는 들어오지 않습니다. 일은 물론이고 날마다 하는 생각도 마찬가집니다."

여러 유명 기업에서 임원들을 코치하는 사람의 말입니다.

버린다고 사라지는 것은 아니다

여기에서 중요한 것은 '버린다고 무의미해지는 것은 아니다'라는 점입니다.

어느 제작자는, "순간적인 번뜩임과 완성된 기획에는 큰 차이가 있어서 얼핏 보기에 이거 좋구나, 싶다가도 깊게 파헤치다 보면 어, 생각하고 다르네, 하는 경우도 빈번하게 일어납니다. 하지만 내던진 아이디어일지라도 다른 것과 조합하면 갑자기 쓸모 있게 변합니다. 그것을 알고 있으면 버리는 과정이 하나도 두렵지 않습니다."

정답을 내기 위해서는 무수한 아이디어를 짜 맞추어갈 수밖에 없습니다. 하나의 조합이 실현되지 못하더라도 다른 것과 엮었을 때 훨씬 좋은 답이 나오기도 합니다.

결국 버리는 일은 전진을 위한 일보 후퇴인 셈입니다.

어느 경영자를 인터뷰하러 회사를 방문했을 때에도 화이트보드 한쪽에 수많은 아이디어가 깨알같이 쓰여 있었습니다. 그 많은 생각을 어떻게 처리하느냐고 물어보니, 시도도 하지 않은 것이 대부분이고 아니다 싶으면 거침없이 지운다고 합니다.

학자들 세계에서도 마찬가지로, 업적을 많이 쌓은 사람일수록 연구 결과를 발표하기 전에 일단 창고 속에 집어넣습니다. 거의

여섯 번째 계단

논문 형태로 완성한 아이디어라도 아무렇지 않게 버립니다. 나 또한 학자가 되어 동료 교수들을 보면서, 무자비하게 버려지는 연구 과제들을 보고 내심 놀란 적이 있습니다.

버리기를 주저하지 않는 이유는 더욱 큰 효과를 얻기 위해서입니다. 성공한 사람이 갖고 있는 삶의 철학처럼 느껴지기도 합니다.

👑
자기 힘으로 상위 1%가 되는 비결

미련 없이 버려라. 버림으로써 채워진다.

—

햇빛은 한 초점에 모아질 때
불꽃을 일으키는 법이다.

—

알렉산더 벨

융통성과 완고함

자기 힘으로 성공한 사람 중에는 상냥하고 친절한 이들이 많습니다. '이렇게 많은 업적을 내놓고도'라고 생각할 만한 사람일수록 유연한 자세를 유지합니다.

　나는 인터뷰한 사람을 세미나에 초빙하거나 학생들과 함께 그 사람의 사무실을 탐방하기도 합니다. 내가 근무하는 대학교는 도심에서 편도로 한 시간 거리에 있기 때문에 강의 시간까지 포함하면 몇 시간이 걸리는데, 대부분 무보수로 수고해줍니다. 그뿐 아니라 매우 소탈하게 이야기를 받아주고 학생의 질문에 흥미를 보이면서 진지하게 답해줍니다. 회사를 방문했을 때도 일부러 몇

사람이 나눠 회사를 소개해줍니다. 존경스러운 사람이구나, 하고
절실히 깨닫게 됩니다.

—

절대로 물러서지 않는 마지노선

그런데 잘나가는 사람이 늘 그렇게 온화한 것만은 아닙니다. 절대
로 양보하지 않는 부분이 있으며 강하게 주장하고 격하게 움직이
는 부분도 있습니다.

과거 가와사키(川崎) 시청에 근무하던 시절, '가와사키 모델'이
라는 정책의 중심인물이었던 사람이 있습니다. 가와사키 모델이
란, 가와사키시에서 직원이 중심이 되어 각 기업의 목소리를 듣고
필요한 기업, 은행, 대학교 등을 연계해주거나 대기업 · 연구기
관이 가진 개방 특허를 기업에 소개하는 등 기업의 가치를 높이
고 결과적으로 지역을 활성화하기 위한 시책입니다. 당시에는 상
당히 낯설었던 정책인지라, '자치단체가 사기업을 돕다니 말도 안
된다'고 시청 내부에서 반발을 샀고 기업 측에서도 '시청이 해줄
수 있는 것은 없다'면서 비협조적이었다고 합니다. 그러나 상사와
회의를 거듭하고 기업 현장에도 직접 찾아다니며 10년을 버티었
더니 드디어 결실을 맺었습니다. 그 결과 전국 지방자치단체의 성

공 모델로서 알려졌습니다.

간단히 설명하기는 했지만, 이 10년이란 기간은 그리 짧은 세월이 아닙니다. 기적에 가까울 만큼 험난한 과정이었으리라 생각합니다.

그러나 이 중심인물은 마치 부처님 같습니다. 에너지가 어디에서 나오는지 신기할 정도입니다. 당시 모습을 직접 보지는 못했지만, 분명 주변으로부터 집요하다는 말까지 들을 만큼 끈질기게 물고 늘어졌을 터입니다.

이런 자세는 다른 업계에서도 나타납니다.

어느 이벤트 디자이너는 미국에서 유학한 후 세계 유명 인사들을 위해 이벤트를 기획하는 일을 합니다. 성격은 그야말로 온순하지만, 이벤트를 기획할 때에는 고객의 입장에 서서 일절 타협하지 않습니다. 기획할 때 꽃을 사용하는 경우가 많은데, 준비하면서 사용한 개수대에는 물 한 방울도 남기지 않을 정도로 철저합니다.

또 어느 일본 요리사는 젊은 나이에 유서 깊은 일본요리점에서 부요리장으로 있었는데, 그의 사람 됨됨이 역시 온화 · 겸허 · 성실로 대표할 수 있습니다. 그러나 칼집을 내어 요리를 장식할 때 1퍼센트의 오차도 허용하지 않는 엄격한 면을 갖고 있습니다. 그래야만 하는 이유가 있다고, 그는 말합니다. 고객에게 최상의 음식을 제공하겠다는 프로의 자부심이며 양보할 수 없는 마지노선입니다.

특히 만들기를 업으로 삼는 사람들에게 이런 모습이 더욱 강하며 한 음절, 한 글자에 많은 시간을 할애해 몇 번이고 이것으로 괜찮겠느냐고 확인합니다. 진정한 고수는 사소한 것을 소홀히 하지 않는다는 사실을 여실히 증명합니다.

—

마지노선을 벗어나면 유연해진다

바로 앞에서 버리는 것에 대해 이야기를 했으니 모순이 될 수도 있겠으나, 그렇지는 않습니다. 버릴 때는 깔끔하게, 그러나 물고 늘어질 때에는 끝까지 끈질기게. 성공한 사람은 그런 특성이 있습니다.

어떤 의미에서는 극단적이고 난해한 성격이라 치부할지도 모르지만 절대 모순은 아닙니다. 양보하지 않는 마지노선은 정해놓지만, 그 선을 벗어나면 한없이 부드럽습니다. 우선순위가 어느 정도 정해져 있고 한정된 시간 안에 일을 처리하기 위한 방편이라고 할 수 있습니다. 이야기를 듣다 보면 그 사람의 본질이 끈기인지, 아니면 유연함인지 닭이 먼저인지 달걀이 먼저인지 헷갈리지만 결과적으로 양쪽에 다리를 걸치고 때와 장소에 따라 달리

사용합니다. 그 상반되는 성격은 인간미가 있어서 매력적이기까지 합니다.

그럼 절대로 물러서지 않는 마지노선을 어느 지점에 그어야 할까? 그것은 다음 7장에서 이야기하는 내용과 관련되어 있습니다.

자기 힘으로 상위 1%가 되는 비결

각자 자기만의 절대 타협할 수 없는 마지노선을 정하고
그 외에는 유연하게 대처한다.

일곱 번째
계단

직감

논리보다 직감으로 판단한다

신규 사업에 대규모 투자를 했다든가, 직업을 바꿨다든가, 세상을 깜짝 놀라게 할 만한 히트 상품을 개발했다든가 하여 성공한 사람들에게 어떻게 그런 큰 결단을 할 수 있었는지를 물어보면 '어쩌다가', '직감으로' 같은 대답만 합니다.

"물론 여러 이유를 들 수도 있고 논리적으로 설명할 수도 있지만, 꼭 논리적으로 생각해서 시작한 것은 아닙니다. 솔직히 말하자면 직감이지요."

그런 대답이 돌아옵니다.

예술가나 디자이너, 아티스트 등 일상에서 우뇌를 발휘할 것 같은 직업군의 사람들이 그렇게 대답하는 것은 언뜻 이해할 만하지만, 경영자를 비롯해 소위 이과적인 직업에 종사하는 사람도 같은 대답을 합니다. 스스로 성공한 사람들이 오른 마지막 계단은 '직감'입니다.

인공지능(AI) 연구자를 인터뷰했을 때 일입니다.

"향후 AI 기술이 더욱 진보한다면 인간은 결국 AI에 뒤지고 말 것 같은데요" 하고 운을 띄웠더니, "그런 일은 절대 일어나지 않습니다"라고 대답했습니다.

"AI는 틀 안에서 규칙을 부여하면 그 안에서는 무엇이든 가능하지만, 결코 만능이 아닙니다. 인간의 뇌는 AI보다 훨씬 뛰어나고 다양한 것을 종합하는 직감이 있습니다. AI가 직감으로 판단할 수는 없습니다" 하고 말했습니다.

사실 이런 이야기는 연구자들 세계에서는 자주 나오는 주제이며 그 분야에서 권위자 혹은 대가라 인정받는 학자일수록 직감으로 연구를 시작할 때가 많습니다. 이유를 분명하게 밝히기는 어렵지만 왠지 그럴 것 같아서, 라는 직감으로 출발해서 가설을 세우고 검증하여 논문으로 남기는 것입니다. 아인슈타인의 'E=mc²'이라는 공식도 직관적으로 가설을 먼저 세우고 논증은 나중에 만들었다는 이야기가 있는데, 같은 맥락이라 볼 수 있습니다.

물론 그런 위대한 업적뿐 아니라 일상에서 일어나는 자그마한 판단, 이를테면 누구와 어울릴까, 어떤 일정을 먼저 할까, 같은 내용도 마찬가지입니다. 그냥 좋아서, 어쩐지 안 좋아서, 라는 직감으로 판단하는 경우가 많습니다.

단지, 여기서 말하는 직감이란 완전히 뚱딴지같은 추측과는 어감이 다릅니다. 언어로 표현하기는 어렵지만, 살아오면서 축적된 경험과 노하우가 영향을 미쳐 작용하는 직감이라고 할 수 있습니다. 결국 하루하루 판단을 거듭하고 실패나 성공을 축적해 '○○ 했더니 □□가 되었다'와 같은 내성이 쌓여 질적으로 높아진 직감입니다.

그 직감에서 출발한 번뜩이는 아이디어나 결단을 남에게 알기 쉽게 전하기 위해 논리로 뒷받침하는 것입니다. 문과이건 이과이건, 어느 직종이나

업종에 종사하건 성공한 사람은 일과 인생에서 중요한 국면을 맞았을 때 직

감적으로 판단합니다.

'왠지'에 민감하다

자기 힘으로 성공한 사람들은 상당히 직감을 중요하게 여깁니다. 사업을 시작한 계기는 무엇인지, 처음부터 승산이 있었는지 물어보니, "그게 말이죠, 왠지 잘될 것 같아서요", "지금은 논리적으로 분석하지만, 솔직히 당시에는 그런 생각할 여유도 없었습니다" 같은 답이 너무도 많아서 놀랐습니다. 본인이 자각할 때도 있고 전혀 눈치채지 못할 때도 있는 듯합니다.

그 외에도 일상 습관, 인간관계, 시간 사용법 등 무슨 일에나 느낌상, 우연히, 직감으로 같은 답변이 많이 나왔습니다.

살아오면서 딱히 고민하고 선택하지는 않았지만, 돌이켜 생각해보니 과연 하나로 이어놓은 듯 서로 연결되는 현상을 수차례 경험한 결과입니다. 결국 내키는 대로 만사를 결정한 것은 아니라는 말입니다. 그럼 그들이 말하는 '직감'이란 도대체 무엇일까요?

엘리트 코스만 밟아온 한 경영인은 이렇게 말합니다.

"일본을 대표하는 장기 기사인 하부 요시하루(羽生善治)가 일전에 직감을 중요시한다고 말한 것처럼, 축적된 경험에서 우러나는 직감이란 꽤 적중률이 높은 것 같습니다. 하지만 직감에만 의존해서는 경영을 제대로 한다고 볼 수 없으니 사원, 주주, 고객 등 대외적으로는 논리적으로 접근하지요. 하지만 기본적으로 직감으로 일할 때가 훨씬 많습니다. 솔직히요."

성공한 사람들이 말하는 직감이란 찍어서 맞아떨어지는 요행이 아닙니다. 왠지 그럴 것 같다는 말의 이면에는 과거의 지식·경험이 압축되어 있으며, 앞에서 언급한 경험과 노하우의 총체인 것입니다.

인터뷰 중에 "아~ 나도 잘 몰랐는데, 말하고 보니 그런 거군요"라는 반응을 몇 번인가 보았습니다. 영감으로 정한 일 중에 스스로도 알아차리지 못한 논리가 발견되기도 합니다.

중요한 것은 직감과 논리의 조화이며 사람과 일하는 이상 설득할 언어를 갖고 있지 않으면 안 된다는 점입니다. 잘 설명하지 못한다면 번역할 수 있는 사람과 팀을 이루어야 합니다.

그렇게 성공한 사람은 경험을 쌓아가면서 직감의 밀도를 높이고 동시에 사람을 이해시키기 위한 기술이나 조직력을 갖춥니다.

자기 힘으로 상위 1%가 되는 비결

성공한 사람이 '왠지'에 민감한 것은
경험으로 보증 받은 밀도 높은 직감을 믿기 때문이다.

직감과 논리를 자유롭게 사용한다

성공한 사람은 기본적으로는 유연하지만 양보하지 않는 부분이 있습니다. 얼핏 상반되어 보이지만 구분해서 잘 사용하는데, 이유는 무엇인지, 판단 기준은 어디에 있는지 한번 살펴볼까요?

나 또한 이야기를 듣다 보면 '앗, 아까 말한 내용과 모순되는 거 아니야?', '무슨 뜻이지?' 하고 인터뷰할 초기에는 당혹스러운 순간도 있었지만, 인터뷰 횟수를 거듭하다 보니 조금씩 이해가 되었습니다.

도박이라고도 할 수 있는 위험한 판단이나 상식을 깨트리는 사업 아이디어는 무엇에 근거해 판단할까요? 대부분 직감입니다.

직감적으로 하고 싶다, 해야 한다고 결론을 낸 후에는 납득할 때까지 집중합니다. 성공한 사람은 이런 방식으로 일하는 경우가 대부분입니다. 명심할 것은, 만사를 직감으로 결정하거나 직감으로 진행하는 것은 아니라는 점입니다. 직감적인 번뜩임을 기본으로 그 판단이 옳은지 아닌지 논리적으로 검증합니다.

비즈니스 아이디어를 떠올렸을 때 '이건 먹히겠다!' 하는 생각으로 들뜨기도 하지만, 일단 냉정함을 유지하려 애씁니다. '아니야, 이게 정말 먹힐까?', '다른 방식은 없을까?' 등 굳이 비판적인 시각으로 들여다봅니다. 나아가 계획을 구체적으로 형상화하는 과정에서 '어떻게 표현하면 이 장점을 전할 수 있을까?', '직원들을 어떻게 움직이게 할까?' 등 사람에게 매력을 전하거나 설명하기 위한 논리·수치를 세워갑니다. 때에 따라서는 모니터 조사나 히어링, 테스트 마켓(신제품 발매에 앞서 소비자의 반응을 알아보려고 시험적으로 실시하는 소규모 시장-옮긴이) 등을 통해 세부 사항을 조정합니다. 자신의 직감적인 관점(주관)뿐 아니라 타인의 시선(객관성)까지 접목하면서 실효성에 초점을 맞춥니다.

특히 경영자나 조직 안에서 일사천리로 일을 처리하며 경력을 쌓아온 사람, 타인과 접촉할 기회가 많은 직업에 종사하는 사람은 일을 원활하게 진행하기 위해 직감과 논리를 적절하게 활용하는 능력을 자연스레 익혀가는 듯합니다.

본능적인 감각에 의지하면서도 사고나 언어는 이성적이라 주위 사람을 하나둘씩 빠져들게 하고, 위험하다고 생각한 일에서는 몸을 빼는 위기관리 능력을 갖추어갑니다.

—
구체적 사고와 추상적 사고

성공한 사람들은 대부분 구체적 사고와 추상적 사고를 구분해 사용합니다. 능수능란하게 구체적 경험에서 추상적 교훈을 끌어내거나 추상적 교훈에서 구체적 행동으로 옮기기도 합니다. 일이 발생하면 경험을 추상화하여 생각하고 그 안에 숨은 핵심을 추출하며 다른 장면(일이나 생활)에 접목합니다. 성공한 사람들이 각자 다른 경험을 갖고 있으면서도 공통점을 나타내는 것도 실로 이런 능력의 산물이라고 생각합니다.

내가 인터뷰하면서 놀란 것은 '하나를 듣고 열을 안다'는 말처럼, 계기가 되는 대화를 시작하는 단계에서 "아, 그건 말이지요…" 하고 내가 묻고 싶거나 알고 싶은 내용을 적확하게 집어내어 대답한다는 점입니다. 상황에 맞추어 적절하게 비유를 섞는 사람도 많아서 복잡하거나 전문적인 내용을 "예를 들면 ○○ 같은 것인데…" 하고 굉장히 알기 쉬운 형태로 바꾸어 집중하게 해줍니다.

직감적으로 사물의 본질을 바로 포착할 수 있고 심지어는 그것을 언어화하는 논리성이 있다는 뜻입니다.

어떻게 그런 능력을 습득할 수 있었는지 물어보니,

"선배나 상사와 주위에서 일 잘하는 사람들을 보면서 나도 따라 했지요."

"큰 실패를 몇 번 했더니 냉정하게 생각하는 게 얼마나 중요한지 배웠습니다."

"이직을 하고 나서 업무 내용은 다른데도 본질적인 개념은 같다고 생각한 순간 깨닫게 되었습니다." 등과 같이 다양한 답변을 내놓았습니다.

원래부터 직감으로 움직이는 사람이 있고, 논리적으로 생각하는 사람이 있듯 각각 근본적인 소질은 다르지만, 오랜 경험을 통해 의식적으로 모드를 전환할 수 있는 것입니다.

직감과 논리, 주관과 객관, 추상과 구체화 등 모든 장면에서 적절히 버무려 활용하기에 세상의 본질을 꿰뚫을 수 있으며 동시에 그 매력을 사람들에게 전할 수 있습니다.

자기 자신과 대화하는 시간

최근 명상이나 마음 챙김(mindfulness)에 대한 관심이 커지고 있습니다. 스탠퍼드대학교에서는 명상용 시설을 만들었고 미국 구글 사에도 명상하기 위한 공간이 여러 곳 있다고 합니다.

경영자 중에는 애플 창시자 스티브 잡스가 명상을 즐겼다는 일화가 유명하며 최근에는 인도의 명상 프로그램에 그룹의 경영자 및 비즈니스 리더가 참여하는 등 세계적으로 성공한 사람들 사이에서 붐이 일고 있습니다. 성공한 사람은 왜 명상이나 마음 챙김에 집중할까요? '불필요한 정보를 버리고 자신의 직감적인 감각을 되찾기 위해서'입니다.

직감

—

**직관은 신성한 재능이고
이성은 충직한 하인이다.**

—

알버트 아인슈타인

정보량이 넘쳐나고 게다가 뭐든 빨라야 하는 세상에서 성공한 사람은 논리만으로는 판단하기 어려운 부분도 많고 게다가 신속하게 결정하지 않으면 안 되는 순간과 수없이 맞닥뜨립니다.

그때 어떤 것이 보편타당한가보다 나 자신은 어떻게 생각하는가에 중점을 두고 철저한 책임감으로 결정 내려야 하는데, 바쁜 일상 속에서 판단 능력이 흐려질 때가 많습니다. 그래서 의식적으로 혼자가 되어 머릿속을 맑게 하거나 구석구석에 붙어 있던 잡생각들을 벗겨내기 위해 명상이든 그 외의 방법이든 자신과 대화하는 길을 택합니다.

어느 음악 프로듀서는 자연과 함께하는 시간을 갖는다고 합니다. 푸르른 초록이 많은 공원이나 자연으로 둘러싸인 지역에서 지내면서 번뇌를 없애버린다고 합니다.

생각에 잠기고 싶을 때는 전철이 아니라 택시를 타고 회사에서 집까지 간다는 사람도 있습니다. 택시 안에 있는 30분이 자신과 만날 수 있는 시간이 되기 때문입니다.

이렇듯 운동 습관을 거르지 않는 사람, 피아노를 연주하는 사람, 욕조 속에 몸을 담그고 피로를 푸는 사람 등 실제 하는 행동은 사람마다 다르지만 '나다움'을 되찾는 시간을 갖습니다.

이런 흥미로운 의견도 있었습니다.

"과거에 몇 번이나 틀린 판단을 했는데, 돌아보면 그런 때는 마음이나 몸 상태가 안 좋을 때였습니다. 괴상한 욕심이 나기도 하고 억지로 머리를 굴려 나를 이해시키기도 했지요. 그럴 때는 꼭 실패하더라고요."

　지금은 술을 좋아해 매일 밤늦도록 술집을 전전하던 습관을 고쳐 몸도 가벼워지고 생각이나 감각이 정화되었다고 합니다. 정보가 범람하고 기술이 발달된 시대이지만 최종적으로 판단하는 사람은 자기 자신입니다. 어디까지나 내 인생의 주인은 나라는 사실을 상기하기 위해서라도 자신과 마주하는 시간이 필요합니다.

♔
자기 힘으로 상위 1%가 되는 비결

타인의 의견·정보를 무턱대고 받아들이지 않고
스스로 책임지고 결정하기 위해서
자기 내면과 대화할 시간을 가져야 한다.

자신의 한계를 파악하라

성공한 사람은 강인한 정신력의 소유자일까요? 일하면서 받는 압박감도 크고 주위의 기대치도 높습니다. 그 안에서 나날이 중요한 판단을 해야 하니 스트레스에 대한 내성이 높을 것 같다는 선입관이 있었는데, 이야기를 듣다 보면 꼭 그렇지만은 않은 듯합니다.

스트레스에 강하다, 긴장하지 않는다고 말하는 사람은 거의 없고 오히려 극도의 긴장감을 느낀다, 굉장히 섬세하다, 강하면 병도 안 났을 거라는 등의 답변을 많이 들었습니다. 정말, 자기 힘으로 성공한 사람 중에는 병으로 고생한 사람도 많았습니다.

대중 앞에서 자주 강연하는 사람을 인터뷰한 적 있는데 그도 매 순간 얼어붙을 만큼 긴장한다고 합니다.

확실히 어떤 사람이건 긴장하지 않는 사람은 없나 봅니다.

단, 성공한 사람이 일반인과 다른 점은 그런 자신을 파악하고 있다는 점입니다. 어떤 상황에서 긴장하는지, 어디까지 일하면 무리하게 되는지 자신의 스트레스 내성이나 체력적 · 정신적 한계를 염두에 두고 행동합니다. 특히 바쁜 시간이나 압박감을 심하게 받는 곳에서는 평정심을 잃을 수 있으므로 그런 상황에서 판단 착오를 일으키지 않도록 몸과 마음을 다스리는 사람이 많았습니다.

한 프로그래머는, "장시간 일하다가 밤이 이슥해지면 러너즈 하이(Runner's high, 격렬한 운동을 하다가 맞이하는 극도의 도취감-옮긴이) 상태가 되어 더욱 일에 빠져들고 즐겁지만, 슬슬 손을 놓아야 할 때라고 생각하고 페이스를 늦춥니다."

신경세포가 과하게 활동하면 쓸데없는 힘이 들어가 버려서 오히려 작업 효율이 떨어진다고 합니다. 그래서 흥분하기 시작했다는 느낌을 받으면 일하던 손을 멈추고 마음을 진정시킨다고 합니다.

또 어느 유명 기업에서 상품을 기획하던 사람은 일하는 중에는 절대로 뛰지 않는다는 규칙을 정해놓았답니다. 그 이유는 뛰면 심

장이 두근거려서 냉정함을 유지하기 어려우니, 그걸 막기 위해서
입니다. 개인적으로 호놀룰루 마라톤대회에 참가하는 등 달리기
를 라이프워크로 삼는 이 사람은 매일 몸과 머리를 쓰면서 생활
해온 사람이기에 정신력, 기술, 체력의 미세한 균열까지 감지할
수 있나 봅니다.

이처럼 성공한 사람은 자신의 상황을 알고자 상당히 신경 씁니
다. 과거 경험을 통해 '이 상황은 주황 신호'라는 사인을 알아차리
거나 일상의 규칙을 정해놓고 본래 감각을 발휘하기 쉬운 상태로
돌려놓는 것입니다.

👑
자기 힘으로 상위 1%가 되는 비결

자신의 한계를 아는 것은 중요하다.
평정심을 유지할 수 있어
높은 실적을 올리고 직감적 판단을 내릴 수 있다.

—

광기 없는 위대한 천재는 있을 수 없다.

—

아리스토텔레스

양쪽 뇌를 사용한다

성공한 사람은 직감과 논리 사이를 오간다고 말했듯이 우뇌적 요소(직감, 미적 센스, 인간의 감정을 헤아리는 능력 등)와 좌뇌적 요소(논리적 사고력, 분석력, 언어로 설명하는 능력 등)를 때와 장소에 따라 구분해 사용한다고도 할 수 있습니다.

어느 대기업에서 임원으로 일했던 사람은 감각적인 면과 논리적인 면을 모두 갖추고 있어야 사람을 부릴 수 있다고 말합니다. 숫자를 알아야 정량적 판단을 할 수 있고, 질적으로 무르익은 식견까지 갖춰야 어려운 일에 손을 댈 수 있습니다.

이는 비즈니스맨에게 국한되지 않고 물건을 만드는 사람도 마

직감

찬가지입니다.

어느 요리사는 독립해서 가게를 운영하는 게 만만치 않게 힘들다고 합니다. 이상적인 가게를 만들기 위해서는 이익을 창출해야 합니다. 그래서 경영을 배우고 회계를 공부하며 최근에는 매출을 높이기 위해 포장 상품도 개발 중이라고 합니다.

해외 유명 기업을 거쳐 일본에서 독립한 디자이너는 처음에는 디자인 외에는 할 줄 몰라 악전고투했다고 합니다.

"지금까지는 디자인에 관해서만 생각하면 충분했는데 내 힘으로 회사를 꾸리다 보니 자금을 융통할 곳을 찾아내야 하고 작품과 나에 관해 설명하는 능력, 사람 보는 식견을 갖추지 않으면 안 됩니다. 위험 분산, 자금운용 등 아직까지 배울 것투성이입니다."

모두 온갖 고생을 겪다 보니 다면적인 시각과 사고를 획득할 수밖에 없었겠구나, 싶습니다.

직감도 중요하고 논리력도 필요합니다. 냉정함과 온화함 또한 중요합니다. 과정과 결과도 무시할 수 없습니다. 얼핏 보면 상반되어 보이는 이러한 성질들이 사실 조화를 이룹니다. "밸런스가 좋다는 말이 중요하긴 하지만, 모두 균등할 필요는 없다고 봅니다. 오른쪽에 편향되다가 또 다른 때는 좌로 치우친 느낌으로 균형을 잡는 것도 나쁘지 않다고 생각합니다. 경영자도 극단적으로 보이는 사람이 많지만, 그도 나름대로 균형 잡기를 하는 게 아닐까요."

어느 경영자의 말처럼, 아이디어가 떠올랐을 때는 과감하게 직감으로, 자세하게 파고들 때는 최대한 논리적으로 접근하듯 상황에 맞게 활용하는 것이 진정한 균형 감각일지도 모르겠습니다. 이 균형 감각을 얻으면 더욱 활약할 수 있고, 일을 더 잘하게 됩니다.

♔

자기 힘으로 상위 1%가 되는 비결

직감과 논리력, 냉정함과 온화함, 과정과 결과 등
언뜻 보면 상반된 성질이지만
이들이 조화를 이룰 때 균형 감각이 만들어진다.

에필로그

빛나는 인생을 위한 삶의 태도

나의 존재 가치를 찾아라

지금까지 자기 힘으로 상위 1%가 된 사람들이 오른 일곱 개의 계단에 대해 소개했습니다. 에필로그에서는 앞으로 성공하고자 하는 사람에게 추가적으로 필요한 태도를 덧붙여 보고자 합니다.

인터뷰를 하면서 발견한 또 한 가지 특징은 성공한 사람들도 여전히 일하는 방식이나 살아가는 태도에서 과제를 안고 있다는 점입니다. 구체적으로 지금까지의 방식이 통용되지 않을 때가 종종 있어 시대가 바뀌고 있다는 것을 피부로 느끼는 듯합니다.

이는 바로 사람마다 가치관의 폭이 넓어졌음을 의미합니다. 이른바 다양성이 확대되었고, 이 다양성을 인정해야 한다는 필요성과 중요성을 인식하는 사람이 많다는 점입니다.

특히 경영자들이 이런 위기감을 많이 느끼는 듯했습니다. 지금까지 당연하게 여겼던 상사 · 부하(연상 혹은 연하)와의 관계, 수직 관계의 조직이 인정받기 어려워졌습니다.

이는 세대 간 가치관의 차이가 가장 큰 문제라고 봅니다.

40대 후반~50대는 '온 힘을 쏟아 일하던 시절의 방법론은 지금 젊은이들에게는 통하지 않는다', '전보다 훨씬 자주 사원의 눈치를 본다'라고 말하며, 20대~30대 전반에 속하는 이들의 새로운 가치관을 이해하려고 고군분투합니다.

한편 20~30대 전반에서는 자유로움과 발랄함에 중점을 둡니다. 하나의 조직에 얽매일 필요도 없으며, 즐거운 일에 시간을 쓰고 싶다(일이 인생의 전부는 아니다)는 가치관을 갖고 있습니다.

20대에 대성공을 거둔 경영자는 사원에게 "회사를 그만둬도 좋아요. 서로 필요해지면 그때 돌아오면 되지, 라는 감각으로 대하고 있습니다"라고 말합니다. 실력 있는 사원은 죽죽 뻗어 올라가면 되고 회사를 벗어난다고 하더라도 다른 형태로 협력할 수 있을지도 모른다는 사고방식입니다. 직원을 관리한다는 생각 자체를 멀리합니다.

또 다른 경우로는 "마음 편한 프리랜서로 여러 사람과 일하는 것이 좋습니다. 회사 같은 조직이 아니라 팀 단위의 규모를 꾸려 일하는 편이 내게는 맞는 것 같아요"라는 20대 의견도 있었습니다.

이렇듯 조직에 대한 중장년층과 젊은 세대의 생각이 명확하게 다릅니다.

히트 상품을 연발해온 마케터도 "지금까지는 이렇게 하면 팔릴 것이다, 다음에는 이런 것이 붐을 일으킬 것이다, 라고 예측할 수 있었지만, 최근에는 소비자의 경향을 읽기 어려워졌습니다. 큰 반향을 일으킬 것이라 장담했던 물건이 오히려 기대만큼 팔리지 않는 경우가 늘고 있습니다"라는 말도 했습니다.

미디어와 사람의 취향이 점점 다양해지면서 일보다는 가정을 중시하고 자유를 소중히 여기며 돈은 적당히, 출세는 하고 싶지 않다는 등 가지각색의 가치관이 생겨나는 바람에 획일적 기준으로 평가하기 어려워지고 있습니다.

그런 가운데 지금껏 강조돼온 '아자, 아자, 가자!', '열심히 땀 흘리자', '돈이 최고다'라는 가치관은 좀처럼 공감을 얻기 어려워졌습니다. 한때는 가정을 희생해서라도 맹렬하게 일하는 것이 미덕이라는 인식이 있었으나, 내가 인터뷰한 사람 중에는 가족을 더욱 중요하게 여기는 사람이 상당히 많았고, 한정된 시간을 가족과 효과적으로 보내기 위해 시행착오를 겪는 과정이었습니다.

가치관의 다양성을 어떻게 인정하고 일에 반영하는가, 이것이 앞으로 풀어야 할 과제입니다. 그런 의미에서 돈을 버는 능력에 견줄 만큼 인간으로서 존재 가치를 추구하는 것이 과거보다 중요해졌다고 생각합니다.

자기 힘으로 상위 1%가 되는 비결

'열심히 땀 흘리자', '돈이 최고다' 하는 가치관 대신
미래에는 다양성을 전제로
일 처리 방법, 인간으로서 존재 가치가 중요하다.

자기 관리에 능한 사람이 성공한다

지금까지 여러 차례 언급한 명상·마음 챙김을 비롯해 화를 조절하기 위한 '분노 조절' 등 감정 관리법이 비즈니스 현장에서 눈에 띕니다.

스트레스가 많아지면서 불안정한 감정에 시달리는 경우가 늘고 있고, 분노는 일에 방해가 된다(분노를 던져버리고 싶다!)는 욕구가 맞물려 나타난 현상입니다.

지금까지는 분노나 욕구 불만족을 원동력 삼아 직접 움직이고 이를 통해 엄청난 성과를 끌어낸 사람이 상당수였습니다. 그러나 세상이 바뀌고 있는 현 시대에 사람에 대한 분노나 세상을 향한 울분은 이상적 리더상과는 거리가 멉니다. 가슴은 뜨겁고 태도는 지적이며 스마트한 리더를 추구하는 가운데 성공한 사람들 사이에서도 색다른 존재감을 갖추어야 할 필요성이 생겼습니다.

사람에게 느끼는 짜증이나 분노 같은 공격적인 감정을 어떻게 극복하거나 처리해야 할까요? 2가지 방법이 있습니다. 하나는 자기감정을 잘 분석하는 것, 다른 하나는 협업 스타일을 구축하는 것입니다.

경영 간부들을 컨설턴트하는 경영자 코치(executive coach)가 이런 의견을 주었습니다.

"화를 내는 것 자체는 나쁘지 않다고 생각합니다. 단지 무엇을 근거로 화내는지가 중요하며, 진정 애정이 담긴 주의는 심하게 말을 해도 상처를 주지 않습니다. 그러나 이기적인 강요나 상대를 마음대로 부리기 위한 감정이 들어가면 부정적으로 변질되고 말지요."

화에도 종류가 있는데, 그 사람의 성장을 돕고 좀 더 나은 인생을 위한 애정 어린 노여움은 나쁜 것이 아닙니다. 하지만 많은 경우는 자기 편의를 위한 성질부리기이며 이것이 상대에게 상처를 주고 마음을 피폐하게 한다는 말입니다.

"원래 인간은 다 다르기 때문에 나와 같은 생각을 할 리 없다는 사실을 전제로 타인을 대하는 수밖에 없지요"라는 의견도 있었습니다.

타인이 내가 원하는 대로 해주길 바라는 기대가 무너져버렸을 때 큰 분노로 이어지기도 합니다. 그러므로 애초에 사람에게 지나치게 기대하는 것은 실수다, 라는 사고방식입니다. 나와 타인은 별개라는 인식을 명확하게 해야 적어도 타인에게 분노의 화살이 향하는 일은 없어진다고 합니다.

이렇듯 자신을 분석해서 왜 화가 나는가, 무엇에 화를 내는가를 확실하게 알아가는 사람도 있지만 이런 사람도 있었습니다.

"이제 와서 나를 바꾸기는 무리이므로 나는 경영 방침에 전념하고 실제 사원과의 소통은 주임에게 맡기고 있습니다(웃음)." 커뮤니케이션에 능한 사람에게 소통을 맡김으로써 본인은 강점 있는 분야에 전념하는 협업 방식입니다. 일을 잘한다고 해도 감정 조절에 관해서는 어려움을 느끼는 사람이 상당히 많아 보입니다.

해결 방법은 사람마다 달라서 완전한 해결책을 내기는 어렵습니다. 심신 건강에 흥미와 관심을 두는 것도 이런 시행착오의 일부겠지요.

또 다른 관점에서 생각해보면, 수명이 늘어나 100세 시대라 불리는 현대사회에서는 과거보다 오래 일해야 한다는 전제로 커리어를 계획해야 합니다. 이미 60세가 정년인 사회는 사라지고 있으니 70세, 80세가 되어도 일할 수 있는 건강한 몸과 마음이 필요합니다. 그런 의미에서 관리하지 않으면 안 되는 것은 분노 등 감정뿐 아니라 생활습관이나 윤리관, 도덕관 등도 포함됩니다. 돈을 벌기 위한 재능과 별개로 인간성이 과거보다 훨씬 더 요구됩니다.

👑
자기 힘으로 상위 1%가 되는 비결

자기 몸과 마음을 이해하고 관리·운영하는
힘을 길러야 한다.

—

모든 논쟁의 뒤에는 누군가의 무지함이 있다.

—

루이스 브랜다이스

돈보다 더욱 중요한 것

과거에는 카리스마를 자랑하며 부하들을 힘차게 끌고 가는 리더
십을 최고로 쳤지만 미래형 리더십은 이와 다릅니다. '섬기는 리
더십'이라고도 불리는데, 다른 사람의 요구에 귀를 기울여 지지를
얻어 이끌어가는 '서번트 리더십'을 지향합니다. 리더가 솔선해서
봉사하고, 신뢰를 얻어 협력을 도모하는 체제를 만든다는 의미입
니다.

　오늘날과 같은 다양성의 시대, 변화의 시대에 성과를 계속 올
리기 위해서는 상호 강점을 나누고 약점을 보완하며 때와 장소에
적절하게 강점을 변형해가는 협력 체제가 불가피하기 때문입니

다. 자신이 먼저 다가가 신뢰를 얻기란, 말은 쉽지만 실천은 어렵습니다.

누구나 내가 먼저 이익을 보고 싶다, 내가 늘 일등이고 싶다는 마음이 있기 때문입니다. 지금까지 많은 사람이 이 감정의 함정에 빠져 허덕여왔습니다.

—
목적적 사고

이런 문제를 해결하는 방법 중 하나가 목적에 중점을 두는 것입니다.

수입액이나 남들의 평가로 자존감을 높이는 등 부족한 것을 채우기 위해서만이 아니라 좀 더 고차적으로 인생에서 실현하고 싶은 목적을 위해 일하는 방향을 설정하는 것입니다.

'목적에 가까이 접근하기 = 자기 욕구'라는 공식이 성립하면 사람들과 협력하기 쉬운 구조가 만들어집니다. 실제로 일 잘하는 사람들과 교류하다 보면 지위나 위치를 불문하고 주위 사람들에게 예의 바르게 대하는 친절함과 동시에 놀라우리만큼 강한 행동력이나 의지, 욕망을 느낍니다. 인간적인 매력과 무엇인가 달성하고자 하는 강한 욕구는 어느 한쪽만 가질 수 있는 것이 아니라 양립

할 수 있습니다.

그런데 목적이란 게 단숨에 떠오르지는 않습니다. 또 머리를 쥐어짜며 합리적으로 만들어낼 수 있는 성질의 것도 아닙니다. 어떻게 하면 행복해질 수 있는지, 그리고 쾌적하게 살 수 있을지를 고민하는 것과 같으며, 다양한 인생 경험을 거쳐 탄생하는 것입니다. 때에 따라서는 처한 환경에 따라 바뀌기도 합니다.

우리는 스스로 목적을 설정하는 데 매우 서툽니다. 남들이 설정해놓은 목적에 따라 움직일 때가 많습니다. 목적을 세우고 싶다면 일반적 관점에서 벗어나 내면을 깊이 성찰하고 자신과 대화할 필요가 있습니다.

—
무리하지 않는다는 것

인터뷰 도중에 운송업을 경영하는 사람을 만났습니다. 이 사람은 운송업을 경영하는 한편으로 트럭 뒷문 등에 아이들이 그린 그림을 붙이는 활동을 하고 있습니다. 2013년에 발생한 사고가 계기였는데, 이 사람이 운영하는 회사의 트럭 운전사가 오토바이에 타고 있던 남성과 부딪쳐 사고가 났고 끝내 그 남자는 죽었습니다. 당시 사장에 취임한 지 얼마 되지 않았고 매출 등 수치를 늘 우선

순위에 두던 시기였다고 합니다. 그러나 고인의 가족을 만나러 갔을 때 가족 중 한 명에게서 "이 사람에게는 자식이 있다는 걸 잊지 마시게나"라는 말을 듣고 정신이 번쩍 들었다고 합니다.

그 일이 있고 난 뒤부터 어떻게 해야 사고를 막을 수 있을지를 최우선으로 고민하게 되었고 블랙박스 같은 설비를 강화하기 시작했습니다. 그러나 그것만으로는 충분하지 않았습니다. 그때 운전자 중 한 사람의 차 대시보드에 장식한 아이 그림이 그의 눈에 들어왔습니다. 순간 '사고를 일으키지 않기 위해서는 운전사나 주위 모두가 평정심을 잃지 않아야 한다'는 생각에 착안해 아이 그림을 자사 트럭에 붙였습니다. 그 후로 사고가 줄어들었을 뿐 아니라 안전 운전이 늘어 연비도 높아졌다고 합니다. 가솔린 요금 지출이 줄어들었고 결과적으로 경영에도 플러스 효과가 나타났다고 합니다. 현재 이 그림 붙이기 운동은 다른 기업에도 퍼져서 동참하는 기업이 늘고 있습니다.

회사 조직에 소속된 이상 숫자를 좇아야 한다는 책임에서 벗어날 수는 없지만, 이를 초월한 다른 틀을 발견한 사람은 모두 무리하지 않고 순리에 따르는 듯 보입니다.

그런 사람의 주위에는 당연히 좋은 기운을 가진 사람이 모여들고, 훨씬 발전적인 일을 할 수 있게 되면서 선순환이 생겨납니다.

숫자만 좇지 않고 수치적 목표를 초월한
마음에서 우러난 행위가 인생의 선순환을 만든다.

직장 생활 요령보다 개인 기술을 개발하라

성공한 사람들과 접촉해보고 느낀 점이 있습니다. 일 잘하는 사람들은 무엇이든 경쟁력 있는 개인 기술을 여러 가지 갖고 있었습니다.

　어느 변호사는 이렇게 말합니다.

　"쟁점을 요약하거나 설정해서 재판을 유리하게 이끌어갈 수 있게 스토리를 짜는 일에 보람을 느낍니다."

법률 지식이라는 개인 기술에 스토리텔러라는 스킬, 그리고 예리한 변론이라는 능력으로 재판을 유리한 상황으로 몰고 가는 것입니다.

또 60대임에도 역동적으로 활동하는 프로 사진작가가 있습니다. 이 사람은 "누구든 계속 셔터를 누르다 보면 언젠가 잘 찍게 됩니다. 그래서 나는 일부러 설정을 어렵게 해서 찍습니다. 그리고 다른 누구도 찍지 않는 것을 찍으려 합니다" 하고 말합니다. 사진 기술뿐 아니라 폭넓은 사회성도 그 사람의 장점입니다. 그는 여러 업계 사람들과 교류합니다. 많은 사람을 실제로 사진 속에 담아왔으니 사람을 보는 눈도 평범하지 않습니다. 이런 기술들을 두루두루 갖춤으로써 급격하게 변화하는 세계에서 살아남을 수 있었습니다.

이렇듯 변호사나 사진작가라는 특수한 업종의 사람들에 대해 이야기하면 '회사원은 무리겠지' 하며 생각하는 독자가 있을지 모르겠지만, 회사원도 예외는 아닙니다.

어느 상장기업에서 SNS를 이용해 마케팅을 하던 여성은 비교적 일찍 마케팅에 SNS를 접목하기 시작했으며 그 내용을 정리해 출판까지 했습니다. 회사 상사가 제안해서가 아니라 스스로 아이디어를 냈다고 합니다. 출판사에 영업도 직접 했습니다. 그러다 이 분야에서 최초로 출간된 책이라는 타이틀을 달게 되었고 소셜 미디어 마케터로는 제1인자라는 칭호까지 얻으며 업계에서 인정받게 되었습니다.

그 후에 독립했고 지금은 유명 기업과 공동으로 작업하면서 새로운 관계에 도전하고 있습니다. 소셜미디어, 마케팅, 직접 영업까지 하며 사람을 끌어들이는 힘이 생겼습니다.

이처럼 성공한 사람에게는 오래 연마해온 자기만의 기술이 몇 가지 있습니다.

시대는 변화합니다. 그리고 이 변화 속도는 틀림없이 지금보다 빨라질 것입니다.

생명체가 언젠가는 죽음을 맞이하듯, 조직도 언젠가 해체됩니다. 앞으로 그 순환은 더욱 가속할 것입니다. 발붙일 조직이 없어지는 현실에 각오가 필요한 시대, 그때 필요한 것이 개인 기술입니다. 그것도 여러 개, 가능하면 3가지 이상 자기만의 개인 기술을 자유로이 부릴 힘이 필요하리라 생각합니다. 인공지능, 로봇 등 미래로 갈수록 발전하는 전문 지식, 사람과 원만해지기 위한 기본적 대인관계 기술, 법률·회계 등 특수 기술, 무엇이든 좋습니다.

주어진 환경 속에서 습득해도 좋고 스스로 선택해 추구해도 좋습니다. 여러 강점을 동시에 흡수하면 자기 분야에서 독보적인 지위를 얻기가 쉬워집니다. 미래를 위한 대비로써 이런 특유의 강점을 몇 가지 갖고 있으면 안전합니다.

에필로그

♛
자기 힘으로 상위 1%가 되는 비결

조직보다 개인으로서 세상을 헤쳐 나갈 수 있는
자기만의 전문 기술이 필요하다.

—

인생은 될 대로 되는 것이 아니라 생각대로 되는 것이다.
생각하지 않고 살아가면 살아가는 대로 생각한다.

—

조엘 오스틴

아군, 적군 가리지 않고
동료는 많을수록 좋다

인터뷰를 거듭하면서 아직도 귓가에 맴도는 문장이 있습니다.

"최근에는 아군이 아니라 동료를 만들려고 애씁니다"라는 경영자의 말입니다.

아군이 아니라 동료를 만드는 일, 앞으로 더욱 다양성을 더해갈 시대에 중요한 것은 실로 이런 가치가 아닐까 싶습니다.

여기에서 말하는 아군이란 같은 생각과 의견을 갖고 자신을 지켜줄 수 있는 사람을 말합니다. 한편으로 동료란 보다 좋은 일을 하기 위해 협력하는 사람으로, 생각이나 의견은 꼭 일치하지 않아도 되고 상황에 따라서는 이의를 제기하기도 하는 사람을 말합니다.

지금까지는 사회에서 적인가 아군인가, 라는 관계로 사람과 인연을 맺는 경우가 많았습니다. 그로 인해 강한 권력을 가진 리더 주위에는 예스맨만 남는다는 예는 얼마든지 있습니다. 이 경우 리더의 감성이나 생산물이 시대와 부합한다면 일은 제대로 풀립니다. 그러나 시대의 흐름을 거스른다면 곧바로 상황은 악화하고 맙니다. 현재 많은 기업이 이런 문제에 직면하고 있습니다.

이는 회사 조직만의 문제는 아닙니다. 운동선수들의 이야기를 들어보아도 현역 시절이나 인기가 절정이었던 시기에는 주위에 아군이 많았다고 합니다. 그러나 은퇴하거나 인기가 시들해지면 대부분 사람들이 멀어져갑니다.

결국 아군으로 끝나는 사람은 그 사람이 표면적인 가치(지위나 입장 등)만을 보고 있는지도 모릅니다. 한편 동료는 일이나 인생에서 본질적인 가치를 추구하기 위한 동반자입니다. 그런 의미에서는 가족도 포함되겠지요. 그렇다고 반드시 끈끈하고 깊은 유대가 필요하지는 않습니다. 관계성은 얕아도 서로 특성이나 강점을 인정하는 관계입니다. 목표에는 늘 목적이 있으므로 흔들리는 일은 없습니다.

그럼 어떻게 동료를 만들 수 있을까요?

다소 궤변으로 들릴지 모르지만, 지금까지 이야기한 성공한 사람의 자질을 습관처럼 습득하고 본받는 것입니다. 성공한 사람들 대부분은 이미 동료의 필요성을 깨닫고 있었습니다. 그들과 함께 일할 수 있는 강점(능력·전문성만이 아니라 인간성 등도 포함된)을 갖는 것, 그와 동시에 스스로 인생에서 추구하고 싶은 가치를 발견하고 전달해야 합니다.

물론 회사 조직 안에서 실행하는 방법도 있습니다. 이직이나 창업이라는 형태가 아니라 처음에는 부업과 같은 위치에서 시작해도 좋을 듯합니다. 프리랜서로서 다양한 프로젝트를 수행하는 형태도 있습니다.

개인적으로는 더 많은 조직이나 사람 사이의 유대가 나아지고 질서나 규율 안에서도 자유로움이 피어나는 그런 상태가 완성된다면 이상적이라고 생각합니다.

지금까지 매니지먼트라는 언어는 주로 관리라는 의미로 사용되었습니다. 그러나 관리가 아니라 매니지먼트 = 지원이라는 어감을 강하게 인식하는 것이 다른 사람의 재능을 활용하는 방법이 아닐까요.

회사란 어디까지나 사람이 일하기 위한 그릇일 뿐이고 주인공은 사람입니다. 일하는 사람의 강점을 살리기 위한 환경을 조성하고 그 사람들이 일을 통해 실현하고 싶은 가치를 지원함으로써 지금보다 더 많은 성과를 내는 조직이 생겨날 것입니다.

또 대기업에서만 할 수 있는 일, 작은 회사나 개인만 할 수 있는 움직임 등 일장일단이 있으므로 서로 강점을 인정하고 보완하는 움직임이 일어나기를 기대합니다.

자기 힘으로 상위 1%가 되는 비결

일이나 인생에서 함께 걸어갈
동반자 같은 동료를 많이 만든다.

이런 사람이 성공한다!

1. 신세대의 새로운 가치관을 인정하고 일하는 방식을 바꾼다.

   → 종적 관계나 독보적인 존재는 통하지 않는다는 생각이 필요하다.

2. 감정이나 몸 상태를 살피고 자신을 관리한다.

   → 활약하기 위해서도 오래 일하기 위해서도 건강을 빼놓을 수 없다.

3. 숫자만 쳐다보지 말고 자기 기준으로 일한다.

   → 수치도 중요하지만, 그것만 따르면 무리할 수밖에 없다.

4. 회사원으로서 기술보다 개인적인 기술을 중요하게 생각한다.

   → 개개인의 강점을 여러 개 갖고 변화에 대응할 수 있는 인재가

   되어야 한다.

5. 아군과 적군을 가르는 것이 아니라 가치를 공유할 수 있는 동료와

   일한다.

   → 관리가 아니라 서로 지원하는 팀이라 생각한다.

감사의 말

스스로의 힘으로 성공한 사람들의 이야기를 듣는 과정은 실로 즐겁고 황금 같은 나날이었습니다.

돌아보니 처음 인터뷰한 때가 초등학교 시절입니다. 당시 기업을 경영하던 할아버지와 한 달에 한 번 근처 이발소에 다녔습니다. 돌아오는 길에는 할아버지에게 회사나 일에 관해 물어보곤 했습니다.

그로부터 20년도 훨씬 지나 새내기 경영학자가 되었고, 학자로서 일하는 방식도 제자들과 대화하는 것도 처음 접하는 일들뿐이었습니다. 미래에 대한 기대와 불안이 뒤섞인 시기였습니다.

도대체 어떻게 인생을 살아야 할까, 하고 고민에 빠져 있던 당시 98세인 할아버지가 입원했습니다(할아버지는 92세까지 사장 자리에 있었습니다). 병실에서 할아버지를 만나자마자 질문을 했습니다. "할아버지, 앞으로 어떻게 살아야 해요?"

그러자 할아버지는 망설임 없이 대답했습니다.

"성공한 사람을 만나보아라."

그 순간 가슴에 막혀 있던 응어리가 싹 내려가는 기분이었습니다. 그래, 혼자 끙끙대지 말고 성공한 사람에게 물어보면 되는 게 아닌가!

234

나는 그날을 계기로 다양한 사람을 만나고 견문을 넓혀보기로 했습니다. 그때부터 기회만 생기면 여러 곳을 다니면서 사람들의 이야기를 들었고 만난 사람들이 또 다른 사람을 소개해주었습니다.

그렇게 이 책은 탄생했습니다.

귀중한 시간을 내주었을 뿐 아니라 아낌없이 솔직하게 이야기보따리를 풀어준 성공한 사람들의 포용력에 깊은 존경과 감사한 마음을 전합니다.

또 대학교 제자들, 늘 따뜻하게 응원해주는 동료 선생님들, 가족들, 제작에 힘써준 능력 있는 스태프 여러분, 정말 고맙습니다. 어느 한 명이 빠졌어도 이 책은 탄생하지 못했으리라, 진심으로 생각합니다.

그리고 누구보다 지금까지 읽어준 독자들에게 진심으로 감사합니다.

이 책이 여러분 인생을 조금이라도 바로잡아줄 나침반이 되기를 기원합니다.

가게야마 요시키